"Americans and freedom-loving people every ...
currently find themselves in the midst of an unprece-
dented war on the very foundations and fabric of that
which freedom resides. Yet attempts to confront this
enemy according to conventional means are as futile as
going up against battleships with bayonets. With military
expertise and precision, General Michael Flynn and Ser-
geant Boone Cutler have crafted The Citizen's Guide to Fifth
Generation Warfare to properly equip humanity to under-
stand and effectively engage the enemy we face. This is
a tool that should be in the home of every patriotic family
across the globe. It is an invaluable resource for those
who seek to carry on this battle and uphold our heartfelt
intent to preserve, protect and defend the sovereignty
of our nations against the globalist
new world order."

CHRISTOPHER G. ADAMO | AUTHOR
*Rules for Defeating Radicals: Countering the
Alinsky Strategy in Politics and Culture.*

Introducción a la G5G (Sesión 1)

La Guía del Ciudadano PARA
LA GUERRA DE QUINTA GENERACIÓN

Michael T. Flynn, Teniente General, Ejército de EE. UU., (Retirado)
Boone Cutler, Sargento, Ejército de EE. UU., (Retirado)

*Cada época tiene su propio
tipo de guerra, sus propias condiciones limitantes,
y sus propias ideas preconcebidas particulares.*

General Carl von Clausewitz
Teórico militar y autor de Sobre la Guerra

Resilient Patriot, LLC
ISBN | 979-8-9887517-9-3
Imprimido en los Estados Unidos de América

Introducción a la G5G (Sesión 1)

La Guía del Ciudadano PARA
LA GUERRA DE QUINTA GENERACIÓN

Contenido

Prefacio

i

CAPÍTULO 2 El Gran Juego y algunos de los Jugadores   Sesión

CAPÍTULO 3 Prepárate   Sesión

CAPÍTULO 4 Conoce tu entorno físico y cognitivo   Sesión

CAPÍTULO 5 Más sobre la Guerra Híbrida   Sesión

CAPÍTULO 9 Las moscas deben conquistar el papel matamoscas

Prefacio

Libera tu mente... y tu trasero seguirá.
Funkadelic

La Guía del Ciudadano para la Guerra de Quinta Generación está diseñada para educar al público sobre una forma de guerra que actualmente se libra contra todos nosotros: estadounidenses y otras naciones amantes de la libertad en todo el mundo. En la guerra, hay bandos opuestos y en la Guerra de Quinta Generación, identificar a los adversarios es aún más difícil debido a la naturaleza de la guerra en sí misma.

La Guerra de Quinta Generación (G5G) se define mejor como una guerra de narrativas. Esta *Guía del Ciudadano* enseña cómo romper las muchas narrativas impuestas en la sociedad actual por un gobierno federal excesivo, un estado de seguridad fuera de control, medios de comunicación armados y los titanes de las redes sociales corporativas y sociales.

La Guía del Ciudadano no dirige acciones. Simplemente existe para ayudar a los lectores a comprender la naturaleza muy compleja de la guerra en los términos más simples posibles. Está diseñada para el ciudadano común. Al leer estas pági-nas, obtendrás una comprensión más profunda del campo de batalla dinámico en

vii

el que estamos operando. Sí, estamos en guerra y la guerra es muy real. Después de leer esta *Guía*, debería tener una comprensión mucho más profunda de los principios y términos que rodean y definen la G5G, ideas sobre quiénes son los adversarios y cómo están dispuestos a oponerse a nuestra forma de vida. Por último, esperamos presentar ideas sobre cómo derrotar a este enemigo decidido.

En primer lugar, es probable que tus vecinos no sean tu enemigo, independientemente de sus creencias. Están igual de confundidos con las mismas ansiedades que tú tienes. Cualquier tipo de violencia entre ustedes proporciona a los gobiernos en la sombra las excusas y condiciones para imponer reglas y leyes más restrictivas, así como la capacidad de agregar un mayor número de personas para hacer cumplir estas leyes. Si estás leyendo esta *Guía del Ciudadano*, lo primero que debes hacer es compartir esta información, sin importar en qué país se encuentre.

Tu enemigo principal es el gobierno "en la sombra" que te manipula para odiar a alguien más. Arma a tus amigos, vecinos e incluso a aquellos con los que no te llevas bien. Proporciónales esta información y estrecha las manos. Recluta incluso a aquellos que has visto como enemigos para enseñarles lo que está sucediendo, para que por primera vez en la historia, la masa de personas en todo el mundo pueda recuperar la libertad por sí mismos en cualquier país en el que vivan. Todo comienza con la educación adecuada para elaborar el plan apropiado y luego ejecutar ese plan. Y en el entorno global actual, se necesitará una ciudadanía mundial

para organizarse y movilizarse de manera inteligente, cívica y profesional.
Los gobiernos causan guerras; los militares y los ciudadanos no lo hacen. La frase
"Se necesita una red para derrotar a una red" se ha aplicado a muchos temas y
problemas. En este caso, somos aliados entre nosotros. Nuestra creciente red de
ciudadanos en todo el mundo debe unirse en contra de la red de intermediarios de
poder globalistas que desean destruir las identidades individuales de los estados-
nación para establecer una nueva normalidad (también conocida como el Nuevo
Orden Mundial). Si por casualidad comienza una guerra real física con o entre otras
naciones, oremos para que estemos preparados. Pero que la guerra provenga
del consentimiento de los gobernados, no de un mandato de aquellos que nunca
fueron elegidos legítimamente.

Nuestra lucha hoy no es entre personas de diferentes naciones. En cambio, es la
lucha de todas las personas contra los opresores globalistas que intentan despo-
jarnos de nuestras identidades nacionales individuales y los derechos humanos
más básicos. Si perdemos, será el fin de la libertad tal como la conocemos en todo
el mundo, y todos viviremos o moriremos bajo el mando de un rey rico con una
mano invisible. El plan de los opresores es crear un pueblo indefenso en países
sin fronteras que tengan derechos parentales limitados o inexlstentes. A lo largo
de esta *Guía*, verás cómo planean llegar allí. Uno de los propósitos de esta *Guía*
es ayudarte a tomar decisiones más inteligentes basadas en una comprensión
más profunda de lo que enfrentas, en lugar de tomar decisiones basadas en tus

emociones.

> *Estoy a favor de la verdad, sin importar quién la cuente.*
> *Estoy a favor de la justicia, sin importar para quién sea o*
> *en contra de quién. Soy un ser humano, ante todo, y como*
> *tal estoy a favor de quien sea y lo que sea que beneficie*
> *a la humanidad en su conjunto.*
> Malcolm X | Activista de derechos civiles asesinado

La mayoría de las personas en todas las categorías y ámbitos de la vida desconocen la información que encontrarán en esta *Guía del Ciudadano*. Con muy pocas excepciones, esta forma de guerra se enseña a un pequeño segmento de nuestro ejército y a aquellos que trabajan dentro de nuestras organizaciones de seguridad nacional, como los diversos componentes de la Comunidad de Inteligencia de EE. UU. Lo que necesitamos hacer como ciudadanos es leer y comprender esta información y luego desafiar a aquellos que dan forma al entorno que nos rodea.

Deberíamos suponer que varias categorías de personas conocen lo que está en esta *Guía*: algunos de los elementos especializados dentro de nuestro ejército, como nuestras fuerzas de operaciones especiales; algunos de los que sirven en la Comunidad de Inteligencia de EE. UU., como en los diversos servicios de seguridad: el Buró Federal de Investigaciones, la Agencia Central de Inteligencia, la Agencia de Seguridad Nacional y el Servicio de Seguridad Diplomática. Sin embargo, otros que influyen en nuestra vida diaria generalmente no tendrán idea de lo que estás hablando cuando se trata de G5G. Estos incluyen a la mayoría de los legisladores, muchos agentes de la ley, la mayoría de los líderes religiosos, la mayoría de los influencers de las redes sociales que sigues, la mayoría de los podcasters que escuchas y muchos veteranos militares.

Nuestra responsabilidad como ciudadanos es desafiar e informar a esos "líderes" en nuestras comunidades y a aquellos a quienes seguimos para obtener nuestras noticias e información diaria, para obtener una mejor comprensión de lo que enfrentamos por parte de un gobierno excesivamente controlador. De esa manera, podemos informarles por qué sienten que algo no está del todo bien y por qué esa sensación es difícil de identificar. Por último, esta *Guía* no es solo para las personas de los Estados Unidos de América, sino que también está escrita como una *Guía* para todas las personas amantes de la libertad en todas partes del planeta Tierra.

> *Se necesita una red para derrotar una red.*
> General Stanley McChrystal | Ejército de EE. UU. (Retirado)
> Autor de *Team of Teams: New Rules of Engagement*
> *for a Complex World*

Capítulo 1
Términos importantes para conocer y recordar

1-1   GUERRA DE QUINTA GENERACIÓN (G5G)

La era moderna de la guerra se llama Guerra de Quinta Generación (G5G) por una razón. Cuando hablamos de G5G, es un término de referencia para los tiempos históricos que enfrentamos ahora. Así como tenemos designaciones generacionales para personas como Baby Boomers, Generación X, Millennials, Generación Z, etc., tenemos designaciones similares para las eras de guerra. Ahora enfrentamos un momento en el que el avance de la guerra nos ha situado firmemente en la Guerra de Quinta Generación.

Dentro de la estrategia y tácticas de G5G está la manipulación de pensamientos y actitudes sin que las personas se den cuenta. Estas son las armas preferidas para facilitar objetivos geopolíticos y crear un nuevo orden mundial. Hay muchos aspectos superpuestos de guerra híbrida, irregular y sin restricciones, y los enumeramos con la esperanza de que tú, el lector, los estudies más detenidamente por tu cuenta y vuelvas a esta *Guía* de forma rutinaria para comprender más plenamente algunos de los problemas a los que nos enfrentamos diariamente. Y cuando escuches a otros describir algunos de los términos o cuando percibas algún cambio en las numerosas narrativas que nos bombardean diariamente, sabrás que todo está en el campo de juego de la G5G.

1-2   GUERRA HÍBRIDA

La Guerra Híbrida es una guerra política que combina la guerra convencional, la guerra irregular y la ciberguerra con otros métodos de influencia, como noticias falsas, diplomacia, lawfare (guerra jurídica) e intervención electoral extranjera. Consiste en influir en un gobierno extranjero a través del pueblo de un país con medios de comunicación inventados, interrupciones cibernéticas, procesos legales corruptos, acciones militares convencionales directas de actores estatales, guerra irregular de actores no estatales, interferencia electoral y apalancamiento diplomático.

1-3   GUERRA IRREGULAR

Según el Anexo de Guerra Irregular de la Estrategia de Defensa Nacional para los Estados Unidos en 2020, "La guerra irregular es una lucha entre actores estatales y no estatales para influir en las poblaciones y afectar la legitimidad... favorece enfoques indirectos y asimétricos, aunque puede emplear toda la gama de capacidades militares y otras para erosionar el poder, la influencia y la voluntad de un adversario. Incluye las misiones específicas de la guerra no convencional". Hace todo lo que hace la guerra híbrida, pero se centra principalmente en el uso de actores no estatales que llevan a cabo acciones militares encubiertas en lugar de acciones militares convencionales directas.

1-4   GUERRA SIN RESTRICCIONES

La Guerra sin Restricciones es una guerra sin límites. Es la estrate-gia diseñada para la influencia encubierta en el escenario global. La influencia encubierta ocurre al ocultar los métodos de influencia. Es la estrategia principal originalmente desarrollada por el ejército chino. Los elementos de la guerra sin restricciones son la corrupción de redes, la explotación legal y la manipulación económica. La guerra sin restric-ciones hace todo lo irregular que hace la guerra híbrida, pero es específica para la estrategia del Partido Comunista Chino (PCCh) para moldear todo el entorno global. Además, incorporan una enorme influencia con la guerra económica.

Los aspectos específicos enumerados aquí de la guerra híbrida, irregular y sin restricciones ocurren juntos en lo que se conoce como "conflictos en zona gris".

1-5   GENERACIONES DE GUERRA

Ha habido cuatro generaciones previamente definidas de guerra que se remontan a la era prenapoleónica (aproximadamente en 1700), dependiendo de a quién se pregunte. A pesar de los argumentos en contrario, el elemento importante a tener en cuenta es que con cada avance de la tecnología o táctica también llega el avance de la guerra. Por ejemplo, la ametralladora cambió la naturaleza de matar en la Primera Guerra Mundial, al igual que el tanque cambió la naturaleza de la maniobra en la Segunda Guerra Mundial. Y la bomba nuclear cambió la naturaleza de la guerra para siempre. Sin embargo, hay desacuerdo sobre los elementos exactos de cada generación de guerra. Por ejemplo:

- La guerra de primera generación es anterior a la pólvora.
- La guerra de segunda generación introdujo el aspecto de las

Capítulo 1

armas que utilizaban pólvora.

- La guerra de tercera generación incorporó máquinas voladoras, tanques, guerra de trincheras, cohetes y artillería de largo alcance.

1-6   LA ZONA GRIS

Los conflictos en la zona gris ocurren en el espacio disputado entre la actividad diplomática rutinaria enfocada en lo político y la guerra física. El concepto de la zona gris se basa en estrategias militares existentes, pero no llega a una guerra total. Las aplicaciones de inteligencia artificial, las tecnologías de la información actuales y emergentes, y las plataformas e influenciadores de redes sociales populares han creado nuevos espacios radicalizados que han expandido lo que era imposible hace solo una década. Las operaciones de guerra híbrida, irregular y sin restricciones modernas ocurren principalmente en la zona gris y son llevadas a cabo por actores estatales y no estatales. En casos selectos, llevan a cabo estas operaciones en coordinación entre ellos.

1-7   OPERACIONES PSICOLÓGICAS (PSYOP)

Las Operaciones Psicológicas (PSYOP) son operaciones diseñadas para transmitir información e indicadores selectivos a las audiencias para influir en sus emociones, motivos y razonamiento objetivo con el fin de afectar el comportamiento de gobiernos, organizaciones, grupos e individuos.

1-8   PÚBLICO OBJETIVO (PO)

Según el Departamento de Defensa de EE. UU., un "Público objetivo (PO) es un individuo o grupo seleccionado para influir o atacar mediante operaciones psicológicas". Los PO pueden basarse en género, posición en una familia (padres, madres, orden de nacimiento, etc.), conexiones tribales, afiliaciones políticas, antecedentes religiosos, posición económica, áreas regionales, edad, afiliación militar, ocupación, antecedentes educativos y cualquier otra cosa que agrupe a las personas. Una vez que se determina el objetivo de PSYOP y se elabora un plan de PSYOP, se evaluarán varios PO para determinar cómo pueden ser influenciadas para respaldar los objetivos de PSYOP. El análisis del PO busca responder preguntas clave. Los análisis precisos y exhaustivos de la PO proporcionarán la siguiente información vital:
¿Qué POs serán más efectivos para lograr los objetivos de apoyo de PSYOP?

- ¿Cuáles son las razones del comportamiento actual del PO?
- ¿Cuáles son los mejores medios de comunicación para llegar al PO?

Capítulo 1

- ¿Cómo se puede influir en el PO para lograr el comportamiento deseado?
- ¿Cuáles son los criterios apropiados para evaluar el cambio de comportamiento

En este momento, alguien en algún lugar está evaluándote como un "objetivo" y descubriendo cómo influir en tus pensamientos, comportamiento y acciones. Hay manuales militares escritos sobre cómo hacerlo. Esto no es nuevo, y con la proliferación de la inteligencia artificial y las redes sociales, nunca ha sido más rápido, fácil o efectivo. Cada clic, cada búsqueda, cada hashtag y cada respuesta que escribas en una máquina conectada al internet es un factor que desarrolla una matriz para manipularte de la mejor manera posible. A nivel mundial.

> *Un hombre paranoico hace planes paranoicos.*
> Post Malone de la canción "Paranoid"

¿Cuántos de ustedes han sido recientemente marginados por miembros de su familia, empleadores y amigos de toda la vida debido a sus creencias sobre un tema actual? ¿Cuántas oportunidades has perdido últimamente debido a las creencias polarizadas de alguien sobre quién creen que eres tú? ¿Has tribalizado tus asociaciones y el área en la que vives? ¿Deshumanizas a los demás y crees que los demás están hacien-

Capítulo 1

do lo mismo contigo? ¿Tienes más miedo ahora que antes? En PSYOP, las respuestas a estas preguntas se llaman "Indicadores de Impacto". Se utilizan para determinar si una Campaña de PSYOP está funcionando.

1-9 LAS ACCIONES PSICOLÓGICAS (PSYACT)

Una Acción Psicológica (PSYACT) es la ocurrencia de algo que afecta al Público Objetivo. La PSYACT y el comportamiento que la sigue crean la reacción psicológica deseada de un Público Objetivo. Puede ser planificada intencionalmente o ser una ocurrencia natural. De cualquier manera, las PSYACT se implementan (maniobran) para afectar a un "Público Objetivo" específico para apoyar un Plan PSYOP.

1-10 ESPACIO/TERRITORIO DE BATALLA COGNITIVO

El espacio/territorio de batalla cognitivo es una guerra por la información a medida que se transforma en conocimiento a través de los procesos cognitivos. El objetivo es cambiar la forma en que las personas piensan con el propósito de beneficiar a otra persona.

1-11 ACTORES ESTATALES Y NO ESTATALES

Los actores estatales son personas que trabajan para un gobierno. Los

actores no estatales no lo hacen. Sin embargo, hay muchos ejemplos de actores no estatales que trabajan en coordinación directa con actores estatales para influir en el público objetivo de manera específica en nombre del estado. Los actores no estatales pueden ser entidades sin fines de lucro o con fines de lucro que trabajan en nombre de un actor estatal para influir directamente en un individuo, un grupo dentro de un segmento de la población o en toda la población de un estado (Venezuela), una región (Europa del Este) o un continente entero (Australia). Los actores no estatales incluyen organizaciones no gubernamentales (ONG), pero también corporaciones multinacionales, organizaciones militares privadas, medios de comunicación, grupos terroristas, grupos étnicos organizados, instituciones académicas, grupos de presión, organizaciones criminales, sindicatos o movimientos sociales, y otros. Todos ejercen diferentes formas de poder. Algunos contribuyen positivamente a la seguridad y estabilidad, mientras que otros la socavan activamente.
Peter Wijninga, Willem Theo Oosterveld, Jan Hendrik Galdiga & Philipp Marten
Strategic Monitor 2014: Four Strategic Challenges

1-12   GOBIERNO(S) EN LA SOMBRA

El gobierno en la sombra está compuesto por actores estatales y no estatales con intenciones clandestinas que influyen en el gobierno establecido que está a la vista. Son ampliamente apoyados por políticos y funcionarios de agencias gubernamentales y burócratas que han sido comprometidos o adoctrinados primero para proteger y luego para permitir una agenda globalista para apoyar la creación de un nuevo orden mundial.

1-13   ESTADO-NACIÓN

Un estado-nación es un territorio soberano que consta de un grupo culturalmente homogéneo de individuos que comparten una identidad nacionalista común que respalda su forma de vida basada en un sistema que garantiza su soberanía continua. Comparten historias, mitos, cultura, economía y pautas legales comunes. En discusión general, un estado-nación se llama de diversas formas, "país", "nación" o "estado". Pero técnicamente, es una forma específica de estado soberano (una entidad política en un territorio) que está guiado por una nación (una entidad cultural), y que deriva su legitimidad de servir con éxito a todos sus ciudadanos.

1-14   MONOLITO

Un sistema o estructura demasiado grande, demasiado regular o sin diferencias interesantes que no está dispuesto o no puede ser cambiado.

1-15   KARL MARX

Karl Marx (1818-1883) nacido en Alemania y a menudo tratado como un revolucionario, un activista más que un filósofo, cuyas obras inspiraron la fundación de muchos regímenes comunistas en el siglo XX.

1-16   VLADIMIR LENIN

Vladimir Lenin (1870-1924) fundador ruso de los bolcheviques, líder de la Revolución Rusa y primer jefe de la URSS. Bajo su administración, Rusia, y más tarde la Unión Soviética, se convirtió en un estado socialista de un solo partido gobernado por el Partido Comunista. Ideológicamente marxista, sus desarrollos a la ideología se llaman leninismo.

1-17   JOSEPH STALIN

Joseph Stalin (1878-1953) nació en Georgia, Imperio Ruso. Durante un cuarto de siglo, gobernó dictatorialmente la Unión Soviética y la transformó en una importante potencia mundial. Durante el cuarto de siglo anterior a su muerte, Joseph Stalin probablemente ejerció más poder político que cualquier otra figura en la historia. Stalin industrializó la Unión de Repúblicas Socialistas Soviéticas (URSS), colectivizó forzosamente su agricultura, consolidó su posición mediante el terror policial intensivo, ayudó a derrotar a Alemania y extendió los controles soviéticos para incluir una franja de estados de Europa del Este. Arquitecto principal del totalitarismo soviético y un organizador hábil pero fenomenalmente despiadado, destruyó los restos de libertad individual y no logró promover la prosperidad individual, pero creó un poderoso complejo militar-industrial y lideró la Unión Soviética hacia la era nuclear.

1-18   MAO ZEDONG

Mao Zedong (1893-1976) nació en el centro-sur de China. También conocido como presidente Mao, fue un revolucionario comunista chino que fundó la República Popular China (RPC), la cual lideró como presidente del Partido Comunista Chino (PCCh) desde el establecimiento de la RPC en 1949 hasta su muerte en 1976. Ideológicamente, fue marxista-leninista y sus teorías, estrategias militares y políticas son conocidas colectivamente como maoísmo.

1-19   MARXISTA-LENINISTA

El tipo de marxismo que fue desarrollado por Vladimir Lenin antes de los cambios políticos en Rusia en 1917, o alguien que sigue esta corriente.

Capítulo 1

El marxismo-leninismo fue la ideología oficial de Joseph Stalin y de la extinta Unión de Repúblicas Socialistas Soviéticas (URSS) y, por extensión, del movimiento comunista internacional durante el siglo XX. El Partido Comunista Chino es una variedad de marxismo-leninismo que Mao Zedong desarrolló para llevar a cabo una revolución socialista en la sociedad agrícola y preindustrial de la República de China y más tarde de la República Popular China. La afirmación de que Mao Zedong había adaptado el marxismo-leninismo a las condiciones chinas evolucionó hacia la idea de que lo había actualizado fundamentalmente, aplicándolo al mundo. Después de la ruptura sino-soviética de la década de 1960, tanto el Partido Comunista Chino como el Partido Comunista de la Unión Soviética reclamaron ser el único heredero y sucesor de Joseph Stalin en cuanto a la interpretación correcta del marxismo-leninismo y líder ideológico del comunismo.

1-20   COMUNISMO

La creencia en una sociedad sin diferentes clases sociales, en la que los medios de producción son propiedad y están controlados por todos sus miembros, quienes trabajan tanto como pueden y reciben lo que necesitan, o un sistema social y político basado en esta creencia. Eric D. Weitz afirma que la matanza masiva en los estados comunistas es una consecuencia natural del fracaso del estado de derecho, comúnmente visto durante períodos de agitación social en el siglo XX. Tanto para matanzas masivas comunistas como no comunistas, "los genocidios ocurrieron en momentos de crisis social extrema, a menudo generados por las propias políticas de los regímenes" y no son inevitables, sino decisiones políticas. Steven Rosefielde escribe que los gobernantes comunistas tuvieron que elegir entre cambiar de rumbo y "terror-mandato" y que a menudo elegían lo último.

1-21   SOCIALISMO

El conjunto de creencias que afirma que todas las personas son iguales y deben compartir equitativamente el dinero de un país, o los sistemas políticos basados en estas creencias. En su obra "The Road to Serfdom" (el camino a la servidumbre), escrita entre 1940 y 1943, el economista y filósofo austriaco-británico Friedrich Hayek argumentó que la distribución más equitativa de la riqueza a través de la nacionalización de los medios de producción no puede lograrse sin una pérdida de derechos políticos, económicos y humanos. Sostuvo que para obtener el control sobre los medios de producción y la distribución de la riqueza, es necesario que los socialistas adquieran poderes significativos de coerción. Hayek argumentó que el camino hacia el socialismo lleva a la sociedad al totalitarismo y afirmó que el fascismo y el nazismo fueron el resultado inevitable de las tendencias socialistas en Italia y Alemania durante el período anterior.

1-22   CAPITALISMO

Un sistema económico y político en el que la propiedad, los negocios y la industria son controlados por propietarios privados en lugar del estado, con el propósito de obtener ganancias. El anarquista francés Pierre-Joseph Proudhon se opuso al privilegio gubernamental que protege los intereses bancarios y de la tierra capitalista y la acumulación o adquisición de propiedad (y cualquier forma de coerción que la llevó a cabo) que, según él, obstaculizaba la competencia y mantenía la riqueza en manos de unos pocos. El anarquista individualista español Miguel Giménez Igualada vio que "el capitalismo es un efecto del gobierno; la desaparición del gobierno significa que el capitalismo cae de su pedestal vertiginosamente... Aquello que llamamos capitalismo no es otra cosa que un producto del Estado, dentro del cual lo único que se impulsa es el beneficio, bien o mal adquirido. Y así, luchar contra el capitalismo es una tarea inútil, ya que tanto el capitalismo estatal como el capitalismo empresarial, mientras exista el gobierno, existirá la explotación del capital. La lucha, pero de conciencia, es contra el Estado".

1-23   FASCISMO

Un sistema nacionalista y anticomunista de gobierno, como el de Italia (1922-43), en el que todos los aspectos de la sociedad son controlados por el Estado y se suprime toda crítica u oposición. El fascismo se ubica en el extremo derecho del espectro político. Rechaza la afirmación de que la violencia es intrínsecamente mala y apoya el imperialismo, la violencia política y la guerra para respaldar los objetivos del Estado. Los fascistas a menudo abogan por el establecimiento de un partido político y un sistema político que prohíba todos los partidos de oposición y prohíba la oposición al Estado y sus afirmaciones. Se considera como la forma más extrema y completa de autoritarismo. El fascismo se opone al marxismo, el anarquismo, la democracia, el pluralismo, el liberalismo y el socialismo, y requiere un control y regulación extremos sobre la vida pública y privada.

1-24   REPRESENTANTES DEL UNIPARTIDO

Miembros de los principales partidos políticos que se combinan en una alianza clandestina. Reservan lealtad parcial hacia causas seleccionadas para avanzar políticamente un país por el camino del socialismo que conduce al comunismo. En los países socialistas, el Unipartido mueve la dirección del país directamente hacia el comunismo. Los miembros suelen ser apoyados pasivamente o activamente por actores estatales o no estatales extranjeros que buscan un sistema global comunista. El Unipartido se conoce clásicamente como el Partido Vanguardia, y el concepto fue iniciado por Vladimir Lenin como parte de la Revolución Rusa de 1917.

1-25   REPRESENTANTES DEL PARTIDO VANGUARDIA

Un miembro del partido político que, consciente o inconscientemente, prepara el ambiente político al comienzo de un movimiento político de acción masiva y de una revolución. En la práctica habitual o establecida de la ciencia política, el concepto de partido vanguardia se compone de revolucionarios profesionales que buscan la consolidación de los partidos políticos en un solo partido político.

1-26   REPRESENTANTES DE "PAÍS PRIMERO"

En cualquier país en el que sirvan, en cualquier sistema político o en cualquier partido político, apoyan las mejores prácticas de la nación en nombre de sus ciudadanos y protegen la soberanía de su Estado-nación. En Nigeria, son conocidos como representantes de Nigeria Primero, en Israel se les considera representantes de Israel Primero y en Estados

Unidos se les considera representantes de América Primero, y así sigue el patrón en los demás países, etc. Los representantes de América Primero no deben confundirse con ningún partido político de América Primero ni con el Comité de América Primero (conocido como el AFC en EE.UU.), un grupo de interés especial que se inició en 1940. El AFC tenía una postura de mantenerse al margen de la Segunda Guerra Mundial, citando la Doctrina Monroe que se oponía a la intervención en los asuntos europeos, y se vio envuelto en acusaciones de antisemitismo. Sin embargo, el AFC fue disuelto en 1941 después del ataque a Pearl Harbor y animaron a sus 800,000 miembros a apoyar el esfuerzo de guerra. Los ex presidentes estadounidenses Gerald Ford (Republicano) y John F. Kennedy (Demócrata) fueron ex partidarios del AFC. El eslogan político "América Primero" ha sido utilizado como lema por varios partidos y candidatos políticos, pero fue acuñado originalmente en 1916 por el presidente Woodrow Wilson (Demócrata). Los modernos representantes de "país primero" no son una organización, sino que son todos los representantes formados en todo el espectro político que representan una ideología que apoya el debate abierto y la voluntad política no violenta de varios partidos políticos dentro del país para resolver las diferencias políticas basadas en el consentimiento de los gobernados. Mientras que la UniPartido elige eventualmente consolidar todos los partidos

Capítulo 1

políticos en un solo partido político que apoya una agenda globalista y el fin de los Estados-nación, los representantes de "Primero el país" desean múltiples partidos políticos siempre y cuando el partido político no apoye acciones que lleven a la desaparición del Estado-nación que representan.

Capítulo 1
Descanso para la tarea

Por favor, considera toda la información presentada hasta ahora, busca información adicional y utiliza tus habilidades de pensamiento crítico para responder a estas preguntas: (escribe sus respuestas en esta página)

Ahora que conoces la definición de un PSYACT, ¿has visto uno? Si es así, ¿qué sucedió y cómo afectó a las personas?

¿En qué POs te encuentras? (Considera tu género, edad, antecedentes y creencias) Así es como se le evalúa para una manipulación dirigida.

Capítulo 1

La Guía del Ciudadano Para la Guerra de Quinta Generación   **Sesión 1**

¿Cómo puedes evitar ser parte de un PSYOP?

¿Puedes comparar y contrastar los elementos de la guerra híbrida, irregular e ilimitada?

¿Cómo se parece el Partido Vanguardia de Lenin al moderno Unipartido?

Capítulo 1

¿Cómo es destructivo el capitalismo para la ciudadanía y cómo podemos evitar los efectos destructivos?

¿Cómo es destructivo el socialismo para la ciudadanía y cómo podemos evitar los efectos destructivos?

¿Cómo es destructivo el fascismo para la ciudadanía y cómo podemos evitar los efectos destructivos?

Capítulo 1

¿Cómo es destructivo el comunismo para la ciudadanía y cómo podemos evitar los efectos destructivos?

¿Cuáles son las principales diferencias entre los Representantes de País Primero y los Representantes de Unipartido?

Capítulo 2
El Gran Juego y
Algunos de los Jugadores

Pues estamos enfrentados en todo el mundo por una conspiración monolítica e implacable que se basa principalmente en medios encubiertos para expandir su esfera de influencia... en infiltración en lugar de invasión, en subversión en lugar de elecciones, en intimidación en lugar de libre elección, en guerrilleros nocturnos en lugar de ejércitos diurnos. Es un sistema que ha reclutado vastos recursos humanos y materiales para construir una maquinaria estrechamente unida y altamente eficiente que combina operaciones militares, diplomáticas, de inteligencia, económicas, científicas y políticas. Sus preparativos están ocultos, no publicados. Sus errores se entierran, no se destacan. Sus disidentes son silenciados, no elogiados. Ningún gasto es cuestionado, ningún rumor es impreso, ningún secreto es revelado.

Presidente John F. Kennedy | Presidente Estadounidense Asesinando

2-1   TU MISIÓN - SI DECIDES ACEPTARLA

Por primera vez en la historia, existe una agenda global de PSYOP para consolidar el poder utilizando plataformas digitales que afectan a todos en niveles macro y micro. El objetivo es lograr la consolidación sin fronteras de las naciones. Todo esto está diseñado para preparar a los ciudadanos para el control centralizado por parte de una superestructura gubernamental elitista global dirigida por líderes como los del Foro Económico Mundial. Mientras tanto, todos están enganchados a la dopamina digital, y su próxima dosis está a solo un clic de distancia.

Roma se ha convertido en el mundo. Nosotros somos Nerón, y el violín es el último video de twerk en TikTok. Puedes tocar el violín o salvar a Roma, pero no puedes hacer ambas cosas. Por favor, aléjate del árbol de manzanas y deja de hablar con la serpiente. Resiste la Torre de Babel contemporánea. Protege tu mente—controla tus emociones.

Es demasiado simplista clasificar el conflicto simplemente como "Grande y Convencional" versus "Pequeño o Irregular". Los enemigos de hoy, y los de mañana, emplearán combinaciones de tipos de guerra. Los actores no estatales pueden emplear en su mayoría formas irregulares de guerra, pero claramente apoyarán, alentarán y participarán en

Capítulo 2

conflictos convencionales si eso sirve a sus fines. Del mismo modo, los estados-nación pueden involucrarse en conflictos irregulares además de los tipos convencionales de guerra para lograr sus objetivos... Claramente, Estados Unidos debe estar preparado para todo el espectro de conflictos desde todos los frentes y comprender que preparar nuestras fuerzas solo para tipos seleccionados de conflictos será una receta para la derrota.

Teniente Coronel, Frank Hoffman | Marines de EE. UU. (Retirado)
Investigador Asociado, Centro para Amenazas y Oportunidades Emergentes (CETO)
en el Instituto Potomac para Estudios de Política |
Autor de *Conflictin the 21st Century: The Rise of Hybrid Wars*

2-2   TU VECINO NO ES TU ENEMIGO

En la G5G, el verdadero adversario ataca arrinconándote en un pensamiento polarizado. Es probable que tus vecinos no sean tu enemigo, pero a veces puede parecer así. ¿Verdad? Lo mismo les está pasando a ellos. Y apuesto a que es por mensajes que ambos han recibido de una fuente del internet en lugar de algo que sepan el uno del otro a nivel personal. Detente ahora y, en lugar de confiar en tus respuestas emocionales, sigue lo que personalmente sabes y puedes deducir lógicamente como verdadero. Todos ustedes. Por favor.

Capítulo 2

2-3   AMBIGÜEDAD Y ALEATORIEDAD

Todas las acciones son precipitadas por pensamientos, actitudes y decisiones, correctas o incorrectas. La manipulación masiva requiere el uso de situaciones físicas que se enmarcan en mensajes psicológicamente enfocados que se repiten una y otra vez desde varias fuentes, contadas a su manera para afectar las actitudes de las personas con el propósito de influir en su comportamiento. La ambigüedad y la aleatoriedad son dos aspectos principales de la G5G, y esa es la razón por la que la gente no puede ver la manipulación que ocurre.

El objetivo principal es controlar a las personas indirectamente, ya que el control indirecto reduce la posibilidad de rebelión contra el grupo o individuo controlador. La evidencia expone al manipulador. En cambio, el objetivo es controlar las condiciones insidiosamente y utilizar mensajes psicológicamente efectivos para enmarcar la perspectiva de una situación. Esto, a su vez, manipula las actitudes de la población y, en consecuencia, influye en su comportamiento a voluntad.

Según el coronel David Mann (Ejército de EE. UU.) en su tesis de 2015 escrita para el Joint Forces Staff College titulada Lack of Clear Doctrine in the Expanding Realm of Cyberspace and Information Operations, "El levantamiento y los cambios de régimen en varios países de Medio Oriente y África del Norte, generalmente etiquetados en los medios como 'La Primavera Árabe' se fomentaron en las redes sociales en el ámbito cibernético. Los operadores cibernéticos tienen acceso para interactuar e informar o influir en combatientes, no combatientes y mitigar o modificar percepciones en todo el mundo. Los operadores cibernéticos están listos para hacer tales cosas y a veces lo hacen. No solo está fuera del alcance de cualquier profesional cibernético involucrarse en la construcción de mensajes de influencia, sino que también aumenta el riesgo y la vulnerabilidad para el comandante combatiente. Un producto de influencia que no esté debidamente construido puede revelar fuentes y métodos al enemigo".

Un producto de influencia, como citó el coronel Mann, es parte de una campaña de PSYOP. Desde que se escribió su tesis (2015), el ejército de EE. UU. ha mejorado cada vez más el uso de PSYOP en el ámbito cibernético. Del mismo modo, actores estatales y no estatales que son enemigos de Occidente también han refinado sus técnicas en contra de la ciudadanía de sus adversarios. Ninguna de estas campañas de PSYOP en el ámbito cibernético es aleatoria. Solo parecen ambiguas, por lo que no revelan fuentes ni métodos. Ciber equivale a "Psiber". ¿Ya

Capítulo 2

estás despierto? Toda la plataforma cibernética está corrompida y es un dominio de guerra

2-4 EVITA SER ARRASTRADO

Si se hace correctamente, la G5G hace que las personas se dirijan a sí mismas en la dirección deseada para que el manipulador evite ser detectado. Los gobiernos en la sombra crean embudos que no se pueden evitar sin entrenamiento. Si te acercas a la apertura del embudo, serás arrastrado a su vórtice. Luego, sucumbirás inconscientemente al PSYOP y estarás en el viaje para abajo con todos los demás. Después de leer esta *Guía del Ciudadano* de principio a fin y compartir la información con otros, habrás aprendido que lo que parece ambiguo y aleatorio no lo es. Este es tu entrenamiento para echar un vistazo detrás de la cortina y aprender cómo evitar ser absorbido por el embudo de la zona gris del tumulto.

2-5 TU MIEDO ESTÁ JUSTIFICADO

El miedo es que un único "Gobierno en la sombra" esté utilizando en secreto los aspectos de la guerra híbrida, irregular y sin restricciones en nuestra contra y que no seamos lo suficientemente inteligentes como para descubrirlo. No es ni siquiera una pregunta; esto está sucediendo

Capítulo 2

absolutamente. Pero las preguntas que quedan son: "¿Quién es responsable?" y "¿Cómo nos protegemos de este gobierno en la sombra?"

A nivel mundial, hay muchos gobiernos y tantos gobiernos en la sombra que aprovechan a numerosos idiotas útiles y utilizan las condiciones del entorno para moldear perspectivas y alcanzar sus objetivos.

> *Los idiotas útiles, los izquierdistas que idealistamente creen en la belleza del sistema socialista soviético o comunista o lo que sea, cuando se desilusionan, se convierten en sus peores enemigos. Es por eso que mis instructores del KGB hicieron hincapié específicamente: nunca te preocupes por los izquierdistas. Olvídate de estas prostitutas políticas. Apunta más alto.[...] Solo sirven para un propósito en la etapa de desestabilización de una nación. Por ejemplo, tus izquierdistas en los Estados Unidos: todos estos profesores y todos estos hermosos defensores de los derechos civiles. Son instrumentales en el proceso de subversión solo para desestabilizar una nación. Cuando su trabajo está terminado, ya no se necesitan más. Saben demasiado. Algunos de ellos, cuando se desilusionan, cuando ven que los marxistas-leninistas llegan al poder, obviamente*

Capítulo 2

se ofenden, piensan que ellos llegarán al poder.
Eso nunca sucederá, por supuesto.
Serán alineados contra la pared y fusilados.
Yuri Bezmenov | Ex KGB soviético

2-6   REVOLUCIÓN COMUNISTA DE DOS ETAPAS: EL GRAN REINICIO

La teoría revolucionaria marxista-leninista sostiene que se necesita una revolución comunista de dos etapas para reemplazar al capitalismo. En una revolución comunista de dos etapas, se parte del capitalismo, que debe atravesarse para llegar al comunismo a través del socialismo. El socialismo es la primera etapa y el comunismo, la segunda, así que es una revolución comunista de dos etapas. Este es el objetivo de los actores estatales y no estatales que trabajan para establecer el nuevo orden mundial y el llamado "Gran Reinicio" según lo declarado por el Foro Económico Mundial.

El UniPartido está facilitando, a sabiendas e inconscientemente, esta revolución de dos etapas. Los miembros del UniPartido fingen estar en lados separados del espectro político, pero en temas globalistas apoyan igualmente los cambios. Hacen caso omiso de las mejores prácticas nacionalistas que ayudarían a la ciudadanía.

Capítulo 2

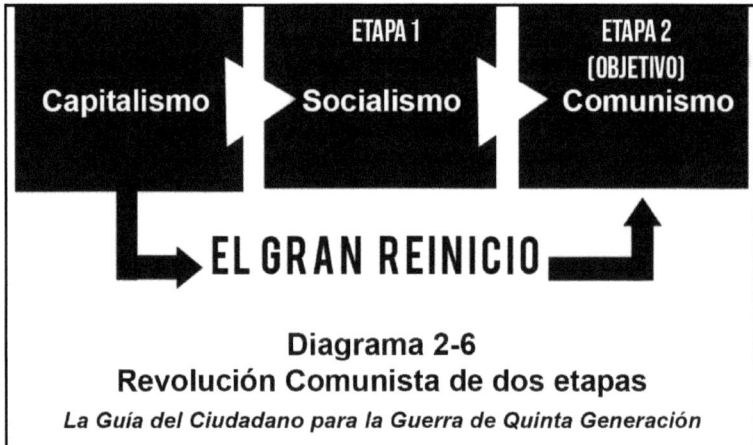

Diagrama 2-6
Revolución Comunista de dos etapas
La Guía del Ciudadano para la Guerra de Quinta Generación

2-7   ATRAPADOS EN EL MEDIO

Contrariamente a las populares teorías de conspiración sobre un único gobierno en la sombra, no hay solo uno que controle absolutamente todo. Hay algunos gobiernos en la sombra, y utilizan las mismas tácticas y estrategias entre sí tanto como las utilizan para manejar y manipular a las poblaciones dentro de su dominio y control. La gente está atrapada en el medio.

Capítulo 2

Por ahora, las amenazas de los gobiernos en la sombra a Estados Unidos y a la mayor parte del mundo tienen objetivos generalizados similares, y colaboran entre sí... hasta que no lo hacen. Hay actores estatales como el Partido Comunista Chino con sus alianzas, como Venezuela, Corea del Norte, Irán, Rusia y las partes radicalizadas del mundo islámico, y hay actores no estatales, como organizaciones y programas financiados por personas como George Soros, Mark Zuckerberg, Bill Gates, el Foro Económico Mundial, la Organización Mundial del Comercio y la Organización Mundial de la Salud.

Juntos, representan a los principales actores individuales y grupos externos que dirigen redes de leales a gobiernos en la sombra. Estos leales luego desarrollan y promueven condiciones para apoyar una agenda globalista para un nuevo orden mundial. Dentro de los Estados Unidos, también hay amenazas que apoyan a los grupos externos.

2-8   LEALES AL UNIPARTIDO

A nivel nacional, la combinación de partidos políticos que trabajan en secreto es un ejemplo de la facción más pequeña del gobierno en la sombra en acción. Trabajan en nombre de los principales grupos de gobiernos en la sombra en lugar de en nombre del pueblo de su país.

Dentro de los gobiernos legítimos, los miembros internos de los partidos políticos han combinado a escondidas sus esfuerzos para crear un UniPartido de mentalidad globalista que está dispuesto a renunciar a la santidad de los valores de su país. Estos UniPartidos existen en la mayoría de los países del primer mundo del Occidente y en la mayor parte de Asia. No se deben excluir a los países del continente africano y aquellos en América Latina.

Estados Unidos, Reino Unido, Australia, Holanda, Singapur y Canadá son países con fuertes facciones de UniPartido de mentalidad globalista dentro de sus gobiernos. También hay otros como Alemania, Italia y Suiza que tienen agendas globalistas en constante crecimiento promovidas a través de grupos UniPartido.

El término 'UniPartido' describe el control del establecimiento globalista sobre la política y las políticas hasta el punto de que cada partido político importante o casi todos los políticos están controlados por ellos y, por lo tanto, tienen mucho más en común que diferencias en términos de políticas. Es esencialmente sinónimo de estado profundo, ya que mantiene el control casi independientemente del partido político o político que sea

Capítulo 2

elegido. Un ejemplo es el movimiento general de los partidos republicano y demócrata en los Estados Unidos para expandir continuamente el tamaño y alcance del gobierno federal en cada área de la vida de una persona, siendo la única diferencia significativa si el aparato debe ser dirigido por empleados gubernamentales sindicalizados (enfoque del partido demócrata) o contratistas del sector privado (enfoque del partido republicano). El UniPartido no debe confundirse con la bipartidismo, ya que este último ve trabajar juntos como un medio para un fin, mientras que el UniPartido ve a diferentes partidos políticos trabajando juntos como el fin en sí mismo... El UniPartido aboga constantemente por un aumento neto en el gasto federal sin ningún esfuerzo para reducir el gasto social o de defensa innecesario, y ambos partidos tienen antecedentes de apoyo al control de armas. Las ideas marxistas han "infiltrado" tanto en los partidos demócrata como republicano... Mientras los partidos conservadores y liberales tradicionales se unieron para gobernar, han acordado en muchos puntos de la agenda, particularmente en el avance de las políticas globalistas de un gran gobierno. Los mismos críticos también señalan la disposición del establecido GOP (republicano) para comprometerse y

Capítulo 2

retroceder de sus posiciones declaradas
como un ejemplo del UniPartido.
CONSERVAPEDIA

Demócrata

UNIPARTIDO
(LA VANGUARDIA)

Republicano

Diagrama 2-8
EL LEALES AI UNIPARTIDO
La Guía del Ciudadano para la Guerra de Quinta Generación

Capítulo 2

2-9   REPRESENTANTES DE AMÉRICA PRIMERO - DEFINIDOS (REP RESENTANTES DEL PAÍS PRIMERO EN PAÍSES NO ESTADOUNIDENSES)

Cualquier miembro del Partido Demócrata, Republicano u otro partido político que no esté financiado por los dos principales partidos políticos, actores estatales extranjeros o actores no estatales globalistas. Los demócratas y republicanos de América Primero se identifican como tal por su alineación pro con lo siguiente:

- Integridad electoral
- Seguridad fronteriza
- Derechos de los padres
- Libertad médica
- Declaración de Derechos
- Desfinanciar a los miembros del UniPartido y removerlos con un proceso electoral justo

La financiación para el UniPartido proviene de contribuciones individuales de personas como tú y contribuciones corporativas financiadas a través de ganancias que se obtienen de manera consciente e inconsciente de personas también como nosotros. ¿Por qué los candidatos de América Primero no reciben los fondos que deberían y el UniPartido tiene cofres llenos de efectivo? ¿Puedes ver cómo tu método de consumismo, contribuciones individuales a campañas y contribuciones caritativas están financiando la revolución comunista en tu país? Todas estas transacciones monetarias son desviadas a fondos que apoyan la eventual desaparición de los estados-nación. Todo es un juego basado en monetizar tus hábitos y utilizar la monetización para apoyar la agenda globalista. ¿Puedes romper un hábito o quieres ayudar a tu oponente a ganar? ¿Cuántas pequeñas empresas se vieron obligadas a cerrar durante los cierres de la pandemia y cuántos de aquellos negocios fueron absorbidos por grandes corporaciones que hacen contribuciones importantes a entidades y causas políticas? Y todo está respaldado por los gigantes de las redes sociales y los medios de comunicación armados. ¿Puedes ver cómo se juega el juego? Tienes más control de lo que crees, pero ¿puedes ajustar tu vida cuando tu deseo de comodidad y confort es su arma? En la mayoría de los casos, todos podemos comprar a nivel local en empresas verificadas y eso ayuda a nuestros vecinos. Y en todos los casos, podemos detener nuestras contribuciones a los miembros del UniPartido.

Un representante político de América Primero debe denunciar ser miembro del UniPartido por rechazar contribuciones y asistencia del

Capítulo 2

UniPartido y sus contribuyentes. El UniPartido es en secreto un partido de vanguardia establecido para introducir un gobierno marxista-leninista global. Esto proviene de su doctrina y están preparándose para tomar el poder y establecer un estado socialista de un solo partido a través de la guerra política. En un gobierno marxista-leninista, el gobierno controla los medios de producción y su mano de obra, suprime la oposición y la contrarrevolución con los métodos descritos en esta *Guía*, allanando el camino para una sociedad comunista eventual sin clases ni estado.

2-10   TÉCNICA DEL PARTIDO DE VANGUARDIA

Un partido de vanguardia es un partido político diseñado para preparar el entorno político en la primera parte de un movimiento político de acción masiva y de una revolución. En la práctica habitual o establecida de la ciencia política, el concepto del partido de vanguardia está compuesto por revolucionarios profesionales. En los Estados Unidos y otros países amantes de la libertad, los miembros de un partido de vanguardia similar están ocultos en el gobierno legítimo como representantes del UniPartido y cuentan con el apoyo de un aparato mediático. Los "verificadores de datos" en línea a menudo respaldan sus acciones y proporcionan la apariencia de legitimidad.

CCP

SOROS   GATES ZUCKERBERG

WEF   ORGS   ORGS   ORGS   WHO   WTO

MIEMBROS UNIPARTIDISTAS DEL GOBIERNO

Diagrama 2-11
ES UN GRAN CLUB Y TÚ NO ESTÁS EN ÉL

La Guía del Ciudadano para la Guerra de Quinta Generación

2-11   ES UN GRAN CLUB Y TÚ NO ESTÁS EN ÉL

Por lo general, el Partido Comunista Chino influye en los líderes mundiales a través de las políticas del Foro Económico Mundial, la Organización Mundial del Comercio y la Organización Mundial de la Salud a nivel global. El Partido Comunista Chino trabaja con organizaciones financiadas por George Soros, Mark Zuckerberg y Bill Gates. Juntos, influyen en los gobiernos nacionales por influir en los líderes ejecutivos principales designados por el Presidente de los Estados Unidos y otros represen-

Capítulo 2

tantes políticos reemplazándolos con jugadores cada vez más comunistas. Cada jugador en el juego crea su empuje hacia la nueva normalidad. Luego son reemplazados por un sucesor más extremista que el último. Poco a poco, este proceso está en constante desarrollo. Pocos notan la sucesión de cambios sutiles hasta que es demasiado tarde. Estados Unidos es como la langosta en una olla mientras la temperatura sube de lo normal a hervir.

Debemos detener este tipo de degradación continua y resistirnos a las campañas de la "nueva normalidad". El presidente y otros funcionarios a nivel estatal, condal y municipal, como senadores, representantes del Congreso, gobernadores, fiscales generales de los estados, secretarios de estado, comisionados del condado, fiscales de distrito, juntas escolares del condado, supervisores de juntas electorales e incluso un grupo selecto de jueces, son apoyados a través del fraude electoral, grandes incentivos económicos y oportunidades que respaldan a los miembros del UniPartido en todo la tela del gobierno.

Los candidatos honestos y con mentalidad de América Primero rara vez tienen suficiente dinero para competir contra los candidatos del UniPartido. La élite financiera, que podría apoyar a los candidatos honestos,

Capítulo 2

generalmente son partes despreocupadas que han sido comprometidas de una forma u otra.

La separación de América del control del Rey de Inglaterra no fue diferente en el sentido de que no había respaldo financiero para luchar contra la "tiranía" hasta que las ganancias de la élite financiera se vieron amenazadas. No tenían la representación política para cambiar la situación, así que financiaron una revolución. En el mundo actual, la élite financiera tiene acceso ilimitado a la representación política, independientemente de la ideología política de su país, pero tú no. ¿Verdad? Entonces, ¿quién queda para financiar una revolución? Nadie.

Capitalismo, colonialismo, socialismo, comunismo, fascismo, anarquía y al menos otras veinte formas de gobierno se alimentan de la carne de sus ciudadanos de una forma u otra. Algunos son más brutales que otros, mientras que otros son más ventajosos, pero todos tienen una élite financiera que no siente el dolor que tú sientes. La mayoría de la élite financiera seguirá apoyando al UniPartido hasta que les resulte financieramente beneficioso hacer algo diferente. De manera similar, la ciudadanía de todas las naciones continuará viviendo como lo hace hasta que elaboren un plan más beneficioso y lo ejecuten basándose en

Capítulo 2

la información ubicada en las secciones: 2-9, 3-1, 7-1, 7-2, 8-3 y 9-11.

2-12   LA COMPLICADA RED QUE TEJEN

Muchos legisladores conservadores y liberales y funcionarios políticos designados de todas las afiliaciones políticas apoyan el impulso izquierdista para abolir la identidad nacional y el estado-nación al unirse para avanzar y mantener políticas de fronteras abiertas. Los miembros de ciertos partidos políticos aparentan públicamente estar en diferentes lados del espectro político, pero están motivados por una agenda globalista unida. De esto obtienen beneficios personales, y creen que su vocación superior es global. En realidad, son títeres de los titiriteros que a veces operando en plena vista, otras veces a escondidas, poseen palanca e influencia, lo cual es peligros pero poderoso e intransigente.

Los rumores de un Illuminati, Nuevo Orden Mundial, Cábala y similares siempre han existido y continuarán mientras haya personas y grupos elitistas con influencia política, económica, militar y mediática que quieran gobernar el mundo. Ciertamente, algunas historias de "Gobiernos en la sombra" son más que ficticias y se sensacionalizan hasta el punto de la fantasía. Pero no se dejen engañar. Ya sea que los llamen el Estado Profundo en nuestra época o Illuminati en el pasado fantástico, siempre hay una jerarquía. Y alguien en algún lugar llegará a extremos para llegar a la cima.

Estados Unidos ha visto el esfuerzo colaborativo del UniPartido y sus contrapartes del gobierno en la sombra atacar al presidente de los Estados Unidos, Donald J. Trump, y sus intereses familiares y comerciales, su primer asesor de seguridad nacional, el teniente general (retirado) Michael Flynn y su familia, y muchos otros que lucharon contra la toma de control elitista de América y defendieron la soberanía nacional de América. Estas estrategias corruptas no se reservan para candidatos conservadores. Según la (ex) presidenta del Comité Nacional Demócrata, Donna Brazile, la nominación presidencial demócrata de 2016 para Bernie Sanders fue "manipulada" para favorecer a Hillary Clinton. Muchos estadounidenses están de acuerdo. El Comité Nacional Demócrata (Democratic National Committee, DNC) y el Comité Nacional Republicano (Republican National Committee, RNC) están corruptos. Deberían desfinanciarse y ser reemplazados por organizaciones políticas que respalden la voluntad del pueblo. La elección presidencial de 2016 habría sido Sanders contra Trump si no hubiera existido la corrupción.

El UniPartido de los Estados Unidos ha armado al Departamento de Jus-

Capítulo 2

ticia de los Estados Unidos como su agente para este cambio radical. El Servicio de Impuestos Internos a través del Departamento del Tesoro de los Estados Unidos pronto será armado en contra del pueblo estadounidense. Tácticas similares están ocurriendo en todo el mundo en otras naciones en contra de figuras políticas que no apoyan la agenda globalista por encima de las necesidades nacionalistas. En Italia, la primera ministra mujer, Giorgia Meloni, ha sido atacada de la misma manera por su agenda Italia-Primero.

2-13   REDES SOCIALES Y BUCLES DE RETROALIMENTACIÓN DE INFORMACIÓN

Desde la aparición del internet y las redes sociales, los gobiernos en la sombra que operan en la zona gris y aprovechan los principios de la G5G han cultivado sistemáticamente una estrategia de abajo hacia arriba para influir en las masas. Antes del internet y, específicamente, el auge de las redes sociales, había legisladores deshonestos, medios tradicionales, influenciadores populares de grupos, la industria cinematográfica y líderes en el ámbito académico que participaban en la manipulación y control de las masas. Ahora, con el internet y su capacidad para manipular con bots y enjambres de redes sociales de acosadores digitales y censura, los gobiernos en la sombra utilizan una mano invisible para manipular los cambios políticos, sociales y económicos directamente a través de las masas censurando los mensajes e influenciadores que

no desean y dando mayor acceso a los mensajes e influenciadores que apoyan su agenda.

> *Necesitaremos crear videos falsos por nuestra cuenta, poblar la web con fraudes obvios, para hacer que todas las versiones sean sospechos as.*
> Vincent H. O'Neil | Autor de A Pause in the Perpetual Rotation

Capítulo 2

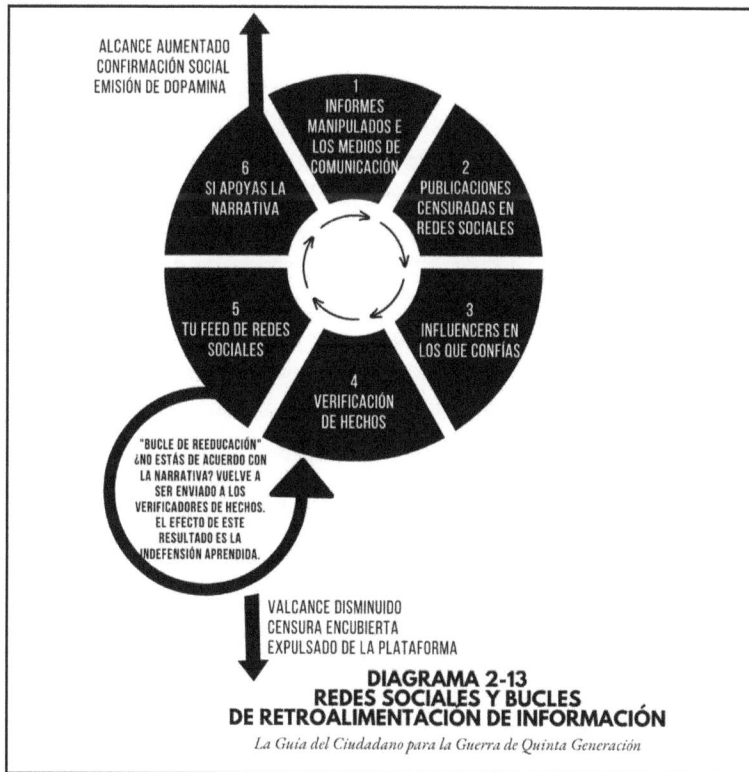

ALCANCE AUMENTADO
CONFIRMACIÓN SOCIAL
EMISIÓN DE DOPAMINA

1
INFORMES
MANIPULADOS E
LOS MEDIOS DE
COMUNICACIÓN

6
SI APOYAS LA
NARRATIVA

2
PUBLICACIONES
CENSURADAS EN
REDES SOCIALES

5
TU FEED DE REDES
SOCIALES

3
INFLUENCERS EN
LOS QUE CONFÍAS

4
VERIFICACIÓN
DE HECHOS

"BUCLE DE REEDUCACIÓN"
¿NO ESTÁS DE ACUERDO CON
LA NARRATIVA? VUELVE A
SER ENVIADO A LOS
VERIFICADORES DE HECHOS.
EL EFECTO DE ESTE
RESULTADO ES LA
INDEFENSIÓN APRENDIDA.

VALCANCE DISMINUIDO
CENSURA ENCUBIERTA
EXPULSADO DE LA PLATAFORMA

**DIAGRAMA 2-13
REDES SOCIALES Y BUCLES
DE RETROALIMENTACIÓN DE INFORMACIÓN**

La Guía del Ciudadano para la Guerra de Quinta Generación

2-14　VER UN GATO - PINTAR UN TIGRE

La mano invisible controla a la población haciendo que pequeños grupos controlados parezcan ser una audiencia mayoritaria de una nación que colectivamente exige cambios basados en el deseo de "la mayoría" de las personas que no saben que están siendo manipuladas. No son la mayoría, pero tienen la apariencia de serlo porque la verdadera audiencia mayoritaria está sometida a censura encubierta, desplataformada, completamente cancelada o inundada con bots disidentes programados. Los legisladores, las grandes empresas tecnológicas y los medios reaccionan de la misma manera, alardeando de que están "con el pueblo" cuando apoyan a los pequeños grupos que han sido encubiertos como mayoría, aunque no lo sean.

2-15　UTILIZANDO LA NATURALEZA HUMANA COMO ARMA

La conformidad social y el sesgo de confirmación son parte de la naturaleza humana. La conformidad social es un tipo de influencia social que implica un cambio en las creencias o comportamientos para encajar en un grupo. El sesgo de confirmación es la tendencia natural a procesar información buscando o interpretando información que es coherente con las creencias existentes de uno.

Capítulo 2

Ambos se pueden convertir fácilmente en armas en el espacio de batalla cognitivo de una nación al desarrollar y explotar temas polarizadores que poseen un alto grado de emotividad. La conformidad social se arma mostrando al grupo(s) pequeño y controlado como si tuviera la posición "justa"; por lo tanto, cualquier oposición es ilegítima e injusta. El sesgo de confirmación aumenta el proceso. El proceso para convertir en armas estos dos factores de la naturaleza humana sigue un enfoque sistemático.

1. Manipular discretamente el(los) grupo(s) más pequeño(s) y hacer que sean vocales para que parezcan la audiencia mayoritaria que expresa las necesidades y deseos de la mayoría.

2. Aprovechar los mensajes y las PSYACT para desarrollar una dinámica de grupo interno (nosotros) versus grupo externo (ellos) para reclutar a la audiencia más amplia que desea simplemente ser el grupo interno.

3. Repetir el proceso para aumentar los efectos y demonizar continuamente los puntos de vista de la oposición para hacer que parezcan el vilipendiado grupo externo.

Capítulo 2

La propensión innata del cerebro humano para dividir el mundo en categorías de valencia de nosotros y ellos, donde la membresía exacta del grupo interno y externo es socialmente contingente (por lo tanto, vulnerable a los instrumentos de propaganda)y la intensidad existe a lo largo de un espectro desde la deshumanización leve hasta la completa del grupo 'otro'.

Dr. Robert Sapolsky | Investigador en neuroendocrinología estadounidense y Autor de *Behave: The Biology of Humans at Our Best and Worst*

2-16   PSYOP ES SOCIOLOGÍA ARMADA

El grupo interno refuerza sus conceptos, valores y motivaciones a través de un efectivo bucle de retroalimentación de información compuesto por informes de medios fabricados, compartición en redes sociales y pensamiento de grupo. Si bien el pensamiento de grupo puede generar consenso, es un fenómeno negativo que resulta en un pensamiento y toma de decisiones defectuoso o desinformado. El bucle de retroalimentación del grupo interno es una prisión sensorial basada en medios que parece un complejo turístico con un personal que aprovecha continuamente todas las oportunidades para afirmar la identidad de los miembros del grupo interno.

Capítulo 2

Para el grupo externo, el bucle de retroalimentación está lleno de dudas. El grupo externo es silenciado en secreto y demonizado públicamente para disuadir la organización y eventual movilización de la audiencia mayoritaria real. Actualmente, el grupo externo es la audiencia mayoritaria que es nombrada, culpada y avergonzada hasta el olvido. Todo está diseñado para parecer aleatorio y orgánico; lejos de ello, esta armamentización es muy intencional.

> *Haz la mentira grande, hazla simple, sigue repitiéndola,*
> *y eventualmente la creerán.*
> Joseph Goebbels | Político nazi alemán y ministro de propaganda

2-17   PSICOGRAFÍA

La psicografía es un uso astuto de datos personales detallados para manipular a las personas según sus vulnerabilidades, deseos más profundos y antecedentes personales. Las psicografías se aplican al estudio de atributos cognitivos como opiniones, intereses, actitudes, miedos y creencias, así como al estudio del comportamiento manifiesto como individuo o como parte de un grupo. Se utilizan para desarrollar un plan de PSYOP.

Según el Manual de Procedimientos, Tácticas, Técnicas y Procedimientos
Capítulo 2

de Operaciones Psicológicas del Ejército de EE. UU. FM 3-05.301, las psicografías incluyen lo siguiente:

- Miedos: ¿Qué teme el Público objetivo (AO)?
- Odios: ¿Qué odia el PO?
- Ira: ¿Qué enfada al PO?
- Amores: ¿Qué ama el PO?
- Vergüenza o vergüenza: ¿Qué considera el PO vergonzoso o vergonzante?
- ¿Con qué está insatisfecha el PO? (¿Cuáles son sus quejas?)
- ¿Cuáles son las normas culturales? (¿Cómo se espera que actúe el PO?)
- ¿Qué valora el PO? (¿Qué es importante para la PO?)
- ¿Cuáles son las frustraciones? (¿Qué quiere el PO que no puede obtener?)

2-18   CIBERGUERRA PARA IDENTIFICAR UN PÚBLICO OBJETIVO [EJEMPLO]

El 4 de octubre de 2022, el Fiscal de Distrito de Los Ángeles emitió una declaración oficial sobre una "intrusión cibernética". Eugene Yu, nacido en China de 51 años, el director ejectivo de Konnech, una compañía de software electoral, fue arrestado bajo sospecha de robo de información personal y discos duros de computadoras. Se requería que el Sr. Yu almacenara datos solo en los Estados Unidos con acceso solo a ciudadanos y residentes permanentes en los Estados Unidos. En cambio, almacenó la información personal de los trabajadores electorales en servidores en China. Según la información proporcionada en esta *Guía*, puede ver cómo hackear las elecciones es tan fácil como tener acceso a una PO y utilizar las psicografías de los trabajadores electorales para manipularlos.

DECLARACIÓN SOBRE LA DETENCIÓN DEL DIRECTOR DE UNA EMPRESA DE GESTIÓN DE TRABAJADORES ELECTORALES EN RELACIÓN CON EL ROBO DE DATOS PERSONALES

"Quiero agradecer a los fiscales e investigadores por su compromiso en eliminar las intrusiones cibernéticas contra entidades gubernamentales y empresas locales. Las brechas de datos son una amenaza constante para nuestra forma de vida digital. Cuando confiamos en una empresa para que almacene nuestros datos confidenciales, deben estar dispuestos y ser capaces de proteger nuestra información personal de robos. De lo contrario, todos somos víctimas. Esta investigación está relacionada únicamente con la información personal de identificación de los trabajadores electorales. En este caso, la conducta presuntamente ilegal no tuvo impacto en el recuento de votos y no alteró los resultados de las elecciones. Sin embargo, la seguridad en todos los aspectos de cualquier elección es esencial para que todos tengamos plena confianza en la integridad del proceso electoral."

FISCAL DE DISTRITO GEORGE GASCON

4 DE OCTUBRE DE 2022

Capítulo 2

El Fiscal de Distrito Gascon afirma que las elecciones no fueron vulneradas. Sin embargo, a menos que haya podido verificar que no hubo una campaña de influencia centrada en la información recopilada en China, no puede estar seguro. ¿Y cómo podría alguien saberlo con certeza? Lo que sí sabemos es que un hombre nacido en China proporcionó los detalles personales de los trabajadores electorales al PCCh. Ya sea que estuviera involucrado o no, les dio acceso. Dejaremos la determinación de lo que ocurrió a tu intelecto y pensamiento crítico.

2-19   TÁCTICAS PRIMARIAS DE INFLUENCIA

El siguiente segmento se muestra con ejemplos militares del manual del Ejército de EE. UU. mencionado en el punto 2-17. Al leer las tácticas primarias de influencia, pregúntate si has visto que estas se utilizan recientemente en la ciudadanía. Imagina otros ejemplos mientras lees los ejemplos militares de la lista a continuación. Las tácticas de influencia primarias se basan en la psicografía y son ampliamente aplicables a muchas situaciones, culturas y POs. Al usar las tácticas de influencia adecuadas en productos de PSYOP y PSYACTs, se magnificará la persuasión de PSYOP. A continuación, se presentan ejemplos militares de tácticas de influencia primarias:

- **Premios y castigos:** Si haces X, obtendrás Y, o si no haces X, entonces Y te sucederá. Ejemplo: "Ríndete y serás tratado bien; sigue luchando y serás asesinado."

- **Pericia:** Oradores con autoridad en un tema, te dicen que las recompensas / castigos ocurrirán si haces o no haces X. Ejemplo: "El ministro de petróleo Gregor (un comunicador clave / supuesto experto en el tema) afirma que si los grupos rebeldes continúan saboteando oleoductos, la economía nacional se verá seriamente afectada."

- **Regalos:** Dar algo como regalo antes de solicitar el cumplimiento. La idea es que el objetivo sienta la necesidad de reciprocidad más tarde. Ejemplo: "Este pozo y cisterna son un regalo para el pueblo de Birmingville de las fuerzas de la coalición... demostración de nuestra buena voluntad y esperanza de cooperación mutua en el futuro."

- **Deuda: Cobrar favores pasados.** Ejemplo: "Las fuerzas de la coalición han hecho mucho por Birmingville, Anciano Chang: la nueva escuela, el pozo en el centro del pueblo... estos insurgentes están poniendo en peligro todo lo que hemos trabajado juntos. Necesitamos su ayuda para detener estos grupos a través de reportar cualquier información que usted y su gente puedan descubrir."

Capítulo 2

- **Estimulación aversiva:** Castigo continuo, y la interrupción del castigo, está sujeto al cumplimiento. Ejemplo: "Continuaremos bombardeando su posición a menos que se rindan de inmediato."

- **Apelación moral:** Implica encontrar terreno común en la moralidad y luego usar los compromisos morales de una persona para obtener su cumplimiento. Ejemplo: "Matar a civiles inocentes está mal; por favor ayude a las fuerzas de seguridad a detener esta trágica pérdida de vidas inocentes, informando cualquier información sobre actividades terroristas."

- **Sentimientos positivos y negativos de uno mismo:** Te sentirás mejor/peor si haces X. Ejemplo: "¡Forma parte de algo más grande que tú, conoce el honor y enorgullécete de tu trabajo... únete a las fuerzas de seguridad nacionales!"

- **Altercasting (presentación de un binario de elecciones alternativas) positivo y negativo:** Las personas buenas hacen X / Las personas malas hacen Y. Ejemplo: "Los miembros de la Tribu Roja son personas valientes y honorables que se preocupan por el futuro de su país y no se dejan intimidar por grupos rebeldes. Llame e informe de la actividad insurgente ahora en la línea directa de la coalición."

Capítulo 2

- **Estima positiva y negativa de los demás:** Las demás personas pensarán bien/menos de ti si haces X. Ejemplo: "¡Gana el respeto de tus amigos y el orgullo de tu familia… únete a la Guardia Nacional de tu país ahora!"

- **Miedo: Te ocurrirán cosas malas si haces X.** Ejemplo: "Solo la muerte y el fuego esperan a aquellos que continúan luchando… ríndete ahora."

> *Si un período de paz se puede utilizar para ablandar a un futuro enemigo, los ejércitos totalitarios podrán, en tiempo de guerra, ganar una victoria barata y fácil.*
> *La guerra psicológica totalitaria se dirige en gran medida a este fin. Es un esfuerzo para propagandizar e hipnotizar al mundo para que se someta.*
> Joost A.M. Meerloo | Autor de *The Rape of the Mind: The Psychology of Thought Control, Menticide, and Brainwashing*

2-20   PROTEGE TU MENTE - CONTROLA TUS EMOCIONES

El PSYOP es solo un aspecto de la G5G. El PSYOP es la parte subyacente no cinética (no violenta) de la guerra híbrida, irregular y sin restricciones. Aunque es de naturaleza no cinética, el PSYOP puede tener efectos cinéticos (violentos). Una campaña de PSYOP podría inducir un disturbio. La campaña de PSYOP no es violenta, pero el disturbio podría serlo. El PSYOP no es nuevo, pero ahora cualquiera puede tener acceso a tu mente a través de las redes sociales, que están diseñadas con fines políticos. Todo lo convierten en armas hasta que algo mejor pueda ser armado. Debes proteger tu mente y controlar tus emociones, o tu mente se convertirá en su arma.

Ya no más cerdos de guerra tienen el poder.
La mano de Dios ha golpeado la hora.
Black Sabbath | De la canción "War Pigs"

Capítulo 2

Capítulo 2
Descanso para la tarea

Por favor, considera toda la información presentada hasta ahora, mientras buscas información adicional y utilizas tus habilidades de pensamiento crítico para responder a estas preguntas: (escribe tus respuestas en esta página)

Define: Quinta Columna

Define: Chivo expiatorio

¿Cómo funciona el UniPartido como el brazo de acción de actores estatales y no estatales durante una campaña de guerra política?

¿La censura en el internet de hoy es lo mismo que quemar libros en años anteriores? Si es así, ¿quién quemó los libros y por qué?

Capítulo 2

Enumera dos (2) tácticas de influencia principales que has visto que el gobierno utiliza en la ciudadanía.

¿Cuál es el propósito de utilizar la psicografía para refinar el mensaje?

Prepárate

"Esta es una definición en desarrollo", advirtió Murray. "Pero en este momento, [dominio de decisión] es la capacidad de un comandante para detectar, comprender, decidir, actuar y evaluar más rápido y de manera más efectiva que cualquier adversario".

General John "Mike" Murray | Comando de Futuros del Ejército de EE. UU.

3-1 PREPARACIÓN PARA EL CAMPO DE BATALLA

En la G5G, tu mente es el campo de batalla cognitivo donde los gobiernos ocultos buscan lograr la dominancia de decisión. La importancia crítica de la defensa de tu mente a nivel individual no se puede subestimar.

3-2 MANIPULACIÓN Y DOMINANCIA DE DECISIÓN

La dominancia de decisión en el campo de batalla cognitivo de una nación significa lograr un grado razonable de previsibilidad para anticipar cómo las personas reaccionarán a una situación o circunstancia y luego aprovechar de una PSYACT (acción psicológica) para facilitar el comportamiento deseado de un público objetivo para respaldar el plan PSYOP. Una PSYACT es la ocurrencia de algo que afecta al público objetivo. Si la PSYACT y el comportamiento de respuesta crean los efectos deseados de manera más eficiente que las PSYACT y el plan PSYOP de la oposición, entonces es probable que se haya logrado la dominancia de decisión en el campo de batalla cognitivo por el oponente más efectivo.

Las PSYACT solo están limitadas por la imaginación de las personas que realizan el PSYOP basado en condiciones existentes utilizables del entorno. En PSYOP, si una situación existe o parece existir, es utilizable. Las PSYACT amplifican el plan PSYOP. En el entorno actual, desde la amenaza de un ataque nuclear hasta la restricción de los recursos energéticos, las PSYACT son formas de manipulación del comportamiento basados en algún nivel de dominancia de decisión. Ya sea que se lleven a cabo o no los actos literales, la PSYACT afectará intencionalmente la forma en que el público objetivo ve la situación.

En caso de un verdadero ataque nuclear, se espera que la desinformación amplifique el daño general como parte de un plan de PSYOP coexistente del atacante, y quien sea atacado hará lo mismo, junto con sus aliados. La ansiedad entre todos los públicos objetivo involucradas será internacionalmente desestabilizadora y personalmente abrumadora. La dominación de la decisión determinará en última instancia quién será el ganador del plan de PSYOP más efectivo.

3-3   CÓMO HACER QUE LAS PERSONAS MATEN A OTRAS PERSONAS

Influir en las personas para que maten a otras personas ocurre en cuatro fases:

- Polarización
- Tribalización
- Deshumanización
- Matanza

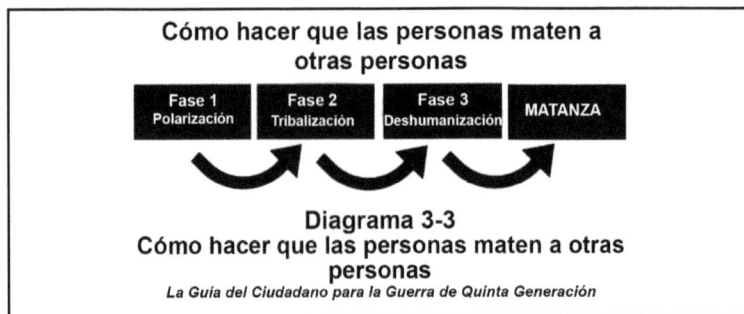

Cómo hacer que las personas maten a otras personas

| Fase 1 Polarización | Fase 2 Tribalización | Fase 3 Deshumanización | MATANZA |

Diagrama 3-3
Cómo hacer que las personas maten a otras personas
La Guía del Ciudadano para la Guerra de Quinta Generación

Capítulo 3

3-4   POLARIZACIÓN

El camino hacia la destrucción es lamentablemente muy fácil de manipular cuando se aplica PSYOP, y comienza con una fase de polarización. El pensamiento polarizado en la G5G es la sensación fabricada de vida o muerte mediante mensajes, videos o memes. En el futuro se utilizarán otras técnicas. Si una campaña de PSYOP engaña tus emociones lo suficiente como para polarizar tu pensamiento, fisiológicamente tus glándulas suprarrenales activarán tu mente en una respuesta extrema. La campaña te bloquea en una forma rígida de pensar porque sientes que te mantendrá a salvo. Invoca un sentido de compromiso con una causa o resultado.

Las campañas de PSYOP activan la respuesta natural fisiológica de "luchar o huir" para reclamar tu mente y afectar tu actitud hacia una situación o circunstancia. A partir de ese momento, las personas solo podrán aceptar ideas y conceptos que confirmen sus prejuicios. Todo lo demás se sentirá amenazante y será rechazado. A continuación, en este camino hacia la destrucción, viene la fase de tribalización.

3-5   TRIBALIZACIÓN

La tribalización es un acto de auto-segregación con un grupo. ¿Cuántas personas conoces que se están tribalizando? Tal vez renunciaron a su trabajo y quieren colaborar con personas que son más como ellos, o tal vez se mudaron a otro barrio, incluso a otro estado. El momento en que te identificas con un grupo, ya sea usando una camiseta de tu equipo deportivo favorito, un sombrero que identifica tus opiniones políticas, o un uniforme militar o paramilitar, te has tribalizado en cierto nivel.

Algunas formas de tribalización son inofensivas. Por ejemplo, usar una camiseta de fútbol americano en Estados Unidos y sentarse en las gradas con otras personas que apoyan al mismo equipo en el día del partido es relativamente inofensivo. Sin embargo, incluso eso se ha sabido que se sale de control en el estacionamiento antes o después de un partido, especialmente si algunos gritones están tomando demasiadas bebidas. Es fácil que todo esto vaya demasiado lejos.

Otras formas de tribalización incluyen las ideologías religiosas y políticas. Parece que, en el mundo actual, la política se ha convertido en la religión de la gente, y su estación de noticias favorita se ha convertido en su iglesia. Históricamente, este tipo de tribalización viene con un alto grado de emotividad prolongada y puede llevar fácilmente a la violencia planificada intencionalmente. Debido al PSYOP en esta quinta generación de guerra, algunas personas están tribalizando de manera que se aíslan de sus familias biológicas, afirmando que es un mal necesario para salvar al mundo. Estados Unidos no ha visto este tipo de tribalización desde la guerra civil, donde los hermanos lucharon contra los hermanos en las batallas entre el norte y el sur.

En el pasado, cuando alguien era secuestrado por un culto, una de las señales de advertencia de que era un culto era cómo los aislaba de su familia y amigos. Hoy en día, las personas lo hacen por sí mismas basadas en campañas de PSYOP que no ven y no reconocerían si lo hicieran. Están haciendo sus propios cultos y se están radicalizando a sí mismos en función de sus susceptibilidades. La mano invisible de una campaña de PSYOP los hace sentir vulnerables a través de la mensajería. La tribalización es un factor importante en la efectividad de la G5G y es potencialmente un factor contribuyente para la guerra civil.

3-6   DESHUMANIZACIÓN

La fase de tribalización da forma a las condiciones para la fase de deshumanización. En la fase de deshumanización, las personas sienten que su tribu es la única que merece vivir. Todas las demás tribus son responsables de la destrucción del mundo; por lo tanto, deben morir o unirse a la "tribu correcta" para garantizar la supervivencia de ellos mismos y el futuro de quienes aman. Una vez que entramos en la fase de deshumanización, si continúa, solo queda la matanza. Se está preparando cognitivamente a la gente para que se aísle y se sienta demonizada por los demás con el propósito de matarse mutuamente para dividir el país e introducir un nuevo establecimiento político.

3-7   AÚN NO ES DEMASIADO TARDE PARA RESISTIR

Esta estrategia no es nueva (ha estado presente durante otras generaciones de guerra), pero en la G5G es el enfoque principal en lugar de una técnica secundaria y de apoyo. Nadie tiene el monopolio de estas técnicas, ni son específicas de un grupo. El proceso nunca cambia y todos lo hacen. Adolf Hitler utilizó esta estrategia contra los judíos, al igual que Andrew Jackson lo hizo con los pueblos indígenas de América del Norte y Joseph Stalin con el pueblo de Ucrania. La academia lo hace cuando predica retórica anti-nacionalista. Los Hutus lo hicieron contra los Tutsis en Ruanda. ANTIFA lo hace contra símbolos de autoridad, y los extremistas de MAGA lo hacen para resistir las ideas más inocuas para el cambio. De la misma manera, Mao Zedong deshumanizó y mató por lo menos a 45 millones de sus propios ciudadanos entre 1958 y 1962.

El mismo proceso mental es cómo los combatientes de todas las naciones se preparan mentalmente para la guerra. Polarizamos nuestro pensamiento para desarrollar un sentido de rectitud y altruismo para actuar en un entorno letal; tribalizamos al ser parte de una unidad militar que usa un uniforme y sufre o tiene éxito juntos; deshumanizamos a nuestro enemigo para que sean más fácil para matar justificadamente en el campo de guerra mientras llevamos a cabo nuestra misión para el bien de todos.

Este es siempre el proceso, y ahora está sucediendo sin saberlo en el espacio digital para manipular a las sociedades civiles en todo el mundo. De ninguna manera se basa en el consentimiento de los gobernados o en la voluntad del pueblo. Se basa únicamente en aquellos que quieren manipularnos a todos para renunciar a la santidad de los valores de nuestro país y dirigirnos hacia una agenda global. No te dejes engañar.

3-8   AGENTES DE ACCIÓN: DOS TIPOS

Los agentes de acción crean PSYACTs (Acciones Psicológicas) tanto de forma intencional como incidental. Estos agentes son agentes de acción discrecionales o incidentales. Los agentes de acción discrecionales lo hacen intencionalmente con la intención expresa de aumentar el plan de PSYOP. Los agentes de acción incidentales no están principalmente tratando de promover el plan de PSYOP, pero algo que hacen inadvertidamente crea una oportunidad utilizable adicional.

En el contexto de gobiernos en la sombra u operativos del Estado Profundo, el agente de acción discrecional es intencionalmente parte del plan, y el agente de acción incidental crea involuntariamente un objetivo de oportunidad secundario a lo que fue la acción inicial. PSYOP incorpora las acciones intencionales, accidentales e involuntarias de otros.

3-9   AGENTES DE ACCIÓN DISCRECIONALES [EJEMPLO]

Durante la guerra en la Cuidad Sadr, Iraq, las Fuerzas de la Coalición lucharon contra la milicia iraní respaldada por Mehdi. El equipo táctico de PSYOP estadounidense en la Cuidad Sadr había identificado a jóvenes mujeres liberales como un PO que informaría sobre la actividad de la milicia y comenzó una exitosa campaña que incluía una línea de información secreta.

El principal ejecutor de la milicia de Mehdi era un hombre llamado Abu D'ua (Dura) que dirigía la sección de actividades especiales para Muqtada al Sadr, conocida como el Comité de Castigo. Una noche mató a dos muchachas jóvenes Iraquíes en la esquina de una calle donde rutinariamente se mataban las ovejas, y lo hizo delante de una multitud de personas. Las dos muchachas fueron disparadas en la cabeza. Apuntó a una con la boca de un AK-47 contra la vagina y la disparó.

Después de los asesinatos, se dejaron varias notas en los cuerpos para que los estadounidenses las encontraran, alegando que las niñas eran espías y prostitutas para los estadounidenses. Ambas niñas parecían tener menos de dieciséis años y ninguna era espía ni prostituta. Fueron sacrificadas para manipular a la gente de Ciudad Sadr.
Esto fue una PSYACT para mejorar un plan de PSYOP destinado a controlar a la población, y Abu D'ua era el agente discrecional de acción para la milicia. La ubicación fue intencional, la profanación de la anatomía femenina de una víctima fue intencional, las notas fueron intencionales y la hora de la noche en que ocurrió fue intencional.

La intención de esta PSYACT era influir en los padres y madres para mantener a sus familiares femeninas adolescentes alejadas de los soldados estadounidenses y evitar que informaran sobre la actividad de la Milicia Mehdi. También se hizo para desmoralizar al equipo táctico de PSYOP estadounidense que desarrolló la campaña. Este es un ejemplo brutal de cuán extremo puede ser una PSYACT y qué es un agente de acción discrecional.

En la siguiente página hay una foto de Abu D'ua (Dura), Agente de Acción Discrecional para la Milicia Mehdi, y una de las notas empapadas en sangre dejadas en el cuerpo de una de las niñas, afirmando que las jóvenes eran prostitutas para los estadounidenses.

Capítulo 3

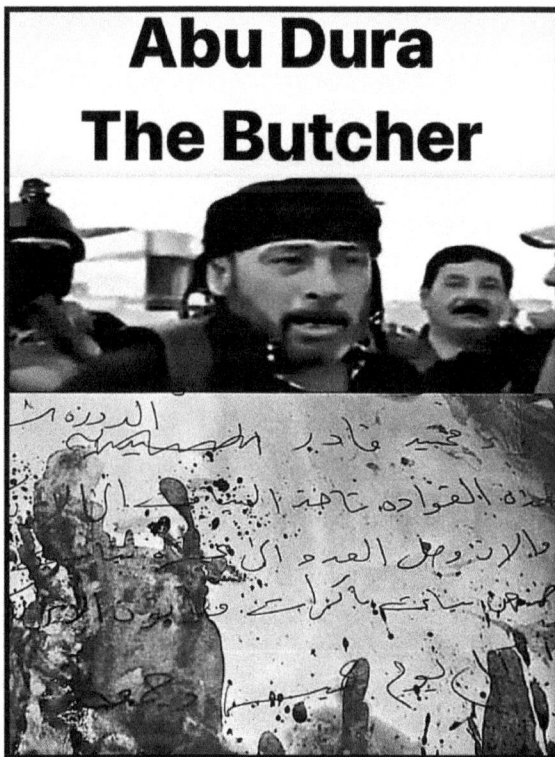

3-10   AGENTES INCIDENTALES DE ACCIÓN - [EJEMPLO]

Si un propietario novato de armas de fuego estuviera en casa limpiando su arma y, por negligencia, no la descargara adecuadamente antes de limpiarla, y si, debido a su negligencia, accidentalmente disparara a su hijo pequeño, sería un trágico percance. Sin embargo, los medios de comunicación y los miembros del UniPartido podrían convertir la situación en un argumento a favor de más leyes sobre armas. En este incidente, el desafortunado tiroteo es una PSYACT y la persona que disparó el arma sería un agente incidental de acción.

Todas las PSYACT son realizadas por un agente de acción discrecional (hecho por voluntad propia para su propósito previsto) o un agente de acción incidenta, cuyas acciones se utilizan para apoyar un plan de PSYOP secundario a un suceso que el agente causó.

3-11   CAMINAN ENTRE NOSOTROS

Piensa en un momento en que viste algo trágico o espectacular en las noticias que se convirtió en un alboroto nacional porque los medios eligieron informar sobre información selectiva que causó un alto grado de emotividad en el público. La información selectiva se utiliza en los medios para enmarcar una situación y causar un efecto psicológico es-

Capítulo 3

pecífico. Quienquiera que haya causado el evento podría ser un agente de acción discrecional o incidental. A veces no lo sabemos. Los medios también pueden ser un agente discrecional de acción. Las pobres almas involucradas en un evento trágico pueden considerarse agentes de acción incidentales involuntarios.

A partir de ahora, cuando veas algo en los medios presentado con información selectiva que se convierte emocionalmente en un alboroto nacional, sabrás que estás viendo una PSYACT que involucra agentes discrecionales e incidentales de acción para aumentar un plan de PSYOP. En la G5G, las PSYACTs son realizadas por agentes de acción, discrecionales e incidentales, que incluyen, pero no se limitan a:

- Terroristas
- Emisoras de medios tradicionales
- Podcasters
- Criminales
- Artistas musicales
- Líderes religiosos
- Influencers de redes sociales de cualquier tipo
- Creadores de contenido en redes sociales
- Legisladores

Capítulo 3

- Hackers
- Periodistas
- Creadores de memes
- Productores de video
- Cineastas
- Defensores de la justicia social
- Artistas callejeros (por ejemplo, Banksy)
- Agencias de aplicación de la ley
- Agencias gubernamentales
- Agencias no gubernamentales
- y tú

3-12   LITUANIA EMPODERÓ A SUS CIUDADANOS

En 2015, mientras el ejército ruso avanzaba en Europa, Lituania proporcionó a sus ciudadanos la información necesaria para tener una insurgencia en pie en el momento en que las tropas rusas cruzaran su frontera. Adoptaron una posición de unidad contra su enemigo. No fue la primera vez que se pusieron en marcha tales estrategias, y no será la última. Protéjanse contra las estrategias de los gobiernos en la sombra. Manual sobre qué hacer en caso de guerra distribuido a las escuelas lituanas.

Capítulo 3

Unas 2.000 copias de 'Qué debemos saber sobre la preparación para situaciones extremas y guerra' fueron entregadas al Centro de Suministros Educativos el miércoles. El centro las distribuirá a las bibliotecas escolares. Marius Jatautas, director del Departamento de Movilización y Resistencia Civil, dice que las publicaciones llegarán a todas las escuelas en 60 municipios.

'En toda Lituania, todas las escuelas las recibirán al 100 por ciento, ya que el Departamento de Movilización es responsable de movilizar a todos los municipios', dijo Jatautas a los periodistas.

Según él, Lituania debería prepararse para una posible agresión extranjera después de los acontecimientos en Ucrania, ya que 'la situación de seguridad es muy frágil'.

'El mundo entero vivía en un sueño en el que la guerra no era posible... ', dijo Jatautas.

Viktoras Blinovas, director del progimnasio Baltupiai en Vilna, dijo que la publicación beneficiará a las escuelas.
'Me parece que el libro y su contenido beneficiarán a los adultos,

Capítulo 3

profesores, directores de escuela, ya que somos responsables de la salud y las vidas de los niños en el tiempo que están en la escuela. (...) Por lo tanto, tenemos que estar preparados para casos inesperados de amenaza a los niños, profesores y la sociedad', dijo Blinovas.

El libro de 98 páginas contiene decenas de consejos prácticos, comenzando por equipar un refugio en el sótano hasta aconsejar sobre qué deben hacer las personas en caso de explosión o si son tomadas como rehenes.

'No entres en pánico y mantén la calma. Los disparos fuera de la ventana no son el fin del mundo', se lee en el libro.

En caso de guerra, se aconseja a los residentes civiles que evacuen o compren un arma para la autodefensa, si la evacuación es imposible.

El ministro de Defensa, Juozas Olekas, dijo a BNS que 'el libro satisface las necesidades de las personas que, después de la agresión rusa en Ucrania, comenzaron a preguntar qué deberían hacer en caso de desarrollos similares en Lituania'.

BNS | The Lithuania Tribune

Capítulo 3

Capítulo 3
Descanso para la tarea

Por favor, considera toda la información presentada hasta ahora, mientras buscas información adicional y utilizas tus habilidades de pensamiento crítico para responder a estas preguntas: (escribe tus respuestas en esta página)

¿Cuál es la diferencia entre los agentes de acción discrecionales e incidentales?

¿Por qué y cómo se utiliza la información selectiva en los medios de comunicación?

¿Qué es el dominancia de decisión?

¿Por qué la polarización es una característica positiva para los miembros de las fuerzas armadas, pero no es una característica positiva para la ciudadanía en nuestra época?

Capítulo 3

¿Cómo han llegado a ser iglesias las estaciones de noticias?

Define: Gaslighting (Manipulación psicológica)

Capítulo 4
Conoce tu entorno
físico y cognitivo

Actividades llevadas a cabo para permitir que un movimiento de resistencia o insurgencia coaccione, interrumpa o derroque a un gobierno o poder ocupante operando a través de o con una fuerza subterránea, auxiliar y guerrillera en un área denegada.

Diccionario de términos militares del Departamento de Defensa (Joint Pub 1-02) | La definición actual de Guerra no convencional, aprobada por el Comando de Operaciones Especiales de los Estados Unidos (2009)

4-1 ÁREA DENEGADA

El Departamento de Defensa de los Estados Unidos define un área denegada como "un área bajo control enemigo o no amistoso en la que las fuerzas amigas no pueden esperar operar con éxito dentro de las limitaciones operativas existentes y las capacidades de la fuerza". Para los enemigos de los Estados Unidos, los Estados Unidos son un área denegada para ellos y no pueden llevar a cabo operaciones militares convencionales dentro del área denegada para derrocar a nuestro gobierno por la fuerza. Deben utilizar tácticas no convencionales y estrategias irregulares para alcanzar sus objetivos.

4-2   SUBTERRÁNEO

Según "Human Factors Considerations of Undergrounds in Insurgencies" del Comando de Operaciones Especiales del Ejército de los Estados Unidos y el Departamento de Análisis de Seguridad Nacional del Laboratorio de Física Aplicada de la Universidad John Hopkins, un Subterráneo es "una organización clandestina establecida para operar en áreas denegadas a los componentes armados o públicos o llevar a cabo operaciones no adecuadas para los componentes armados o públicos".

"La globalización también ha cambiado las operaciones subterráneas de diversas maneras. Las insurgencias, habilitadas por el transporte de bajo costo, las tecnologías basadas en internet y otras tecnologías de la información, pueden reclutar, comunicarse y operar más fácilmente a través de las fronteras".

4-3   AUXILIAR

Según la misma publicación mencionada directamente en 4-1, Auxiliar es "el elemento de apoyo de la organización irregular cuya organización y operaciones son de naturaleza clandestina y cuyos miembros no indican abiertamente su simpatía o implicación con el movimiento irregular. Los miembros del auxiliar tienen más probabilidades de ser participantes ocasionales de la insurgencia con ocupaciones a tiempo completo".

4-4   ESTAMOS EN GUERRA

Mira el mundo en el que vives. Ahora que sabes qué buscar, ¿puedes ver a los miembros del Subterráneo y Auxiliar que trabajan en el Área Denegada de tu país? ¿Ves a un UniPartido apoyando la agenda globalista de actores estatales y no estatales? ¿Y puedes ver cómo funcionan los PSYOP? ¿Puedes pensar en alguna PSYACT que hayas visto últimamente? ¿Entiendes por qué la gente no puede ver lo que está sucediendo y por qué no lo aceptarían incluso si pudieran?

Si es así, estás comenzando a entender la G5G. Así es como se ve la quinta generación de guerra. Estamos absolutamente en guerra con un enemigo que busca subyugar a ti y a tu familia en el futuro previsible. Acéptalo y no te paralices por el miedo. Si no actúas, ¿qué crees que pasará?

4-5   CÓMO SE RECLUTA A ALGUNAS PERSONAS

Las operaciones subterráneas en la G5G nunca han sido más fáciles, por muchas razones. Una razón es el uso de las redes sociales para localizar a un PO que simpatice con una causa particular. En segundo lugar, el reclutamiento fácil para recaudar fondos, mano de obra o nuevos miembros activos es tan sencillo como localizar a personas que usan hashtags. Los hashtags conectan a las personas que están dispuestas a expresar sus sentimientos. Si alguien usa el hashtag #DefundThePolice (DesfinanciarALaPolicía), entonces es muy fácil identificar a esa persona como alguien susceptible a las motivaciones que están en contra de la policía.

El hashtag en EE.UU. #ComeAndTakeIt (Ven a quitármelo) proporcionará una lista de personas que son pro-armas. De manera parecida, el hashtag #PatriaYVida se puede ver por todos lados entre la gente cubana en el sur de Florida y así se identifican las personas críticas del gobierno cubano. Los hashtags proporcionan una forma de autoidentificación como PO y ser cultivados. A partir de ese punto, pueden ser evaluados por una multitud de razones, y esta importante fase de evaluación puede ser realizada desde cualquier parte del mundo por una entidad desconocida. Seguir un hashtag simplemente haciendo clic en él y viendo quién más lo está usando conduce a perfiles de redes sociales llenos de información personal. En poco tiempo, las personas con los perfiles pueden ser evaluadas para la mejor manera de manipularlas según la información personal que han hecho pública. Si se trata de una mujer de mediana edad que pasa mucho tiempo en línea y tiene un hijo fallecido a quien parece llorar mientras está sentada en una gran casa en Beverly Hills, California, se podría suponer que tiene dinero y una debilidad por los hombres que le recuerdan a su hijo. Esas vulnerabilidades pueden evaluarse y explotarse.

Si es una joven que parece políticamente marginada, proviene de una familia rota y menciona que necesita mejores medicamentos psiquiátricos, se pueden evaluar sus vulnerabilidades, y una persona manipuladora puede ponerse en contacto, reclutarla y llevarla a un grupo para proporcionarle una renovada sentido de identidad y propósito en la vida

Capítulo 4

con personas que la valoran. Luego, puede ser utilizada para reclutar a los hombres que conoce, o se le puede animar a postularse para un cargo político.

Para el novato, estas técnicas pueden encontrar personas de una en una, pero para el profesional, se pueden realizar en masa con programas de computadora disponibles comercialmente que recuperan información de internet y la agregan a través de procesos llamados raspado de redes sociales y rastreo web. El rastreo web y el raspado de datos de redes sociales se pueden realizar en tiempo real (y muy rápidamente). Dichos datos pueden provenir de diversas fuentes, como Twitter, grupos de LinkedIn, blogs, noticias, reseñas, etc. El uso popular de estos datos es en monitoreo de marca, observación de tendencias, análisis de sentimientos/competidores y servicio al cliente. Sin embargo, algunas personas y organizaciones utilizan estos datos por motivos perversos.

Cada vez más, la tecnología de la información en lugar de los medios militares será el método preferido para atacar los intereses de Estados Unidos, intentando manipular a los responsables de políticas y toma de decisiones atacando nuestra infraestructura de información a través de

Capítulo 4

lanzamientos selectivos y discriminatorios tanto en
organizaciones de noticias legítimas
como en medios no tradicionales.
Angela Maria Lunga | Mayor, Ejército de EE. UU.
Autora de *The Internet and Psychological Operations*
(El internet y las operaciones psicológicas)

4-6   ALGO QUE PUEDES HACER AHORA

Como puedes ver, hay métodos organizados muy simples y abiertamente
disponibles para llevar a cabo operaciones dentro de otros países sin
que esas operaciones sean sancionadas por un gobierno legítimo.
Puedes pensar que estos métodos son siniestros y enfermizos, pero
aquellos que llevan a cabo estas operaciones son verdaderos creyentes.
El caos y las consecuencias secundarias que causan no son su preocu-
pación. Pretenden ganar con las estrategias que estás aprendiendo. Te
animamos a buscar información adicional en las publicaciones citadas
anteriormente para educarte aún más. La información está disponible
públicamente. Localiza, lee, mira y escucha toda la información de las
fuentes citadas en esta *Guía* para asegurarte de estar bien educado
basándote en tu propia investigación.

Capítulo 4

Creo que el gobierno tiene mucho desprecio por los ciudadanos. Tienen desprecio por nuestra inteligencia, tienen desprecio por nuestra necesidad de saber cosas. También creo que piensan que nos están controlando; no es que piensen que estamos todos juntos en esto y que el gobierno trabaja para el pueblo y que son un gobierno del pueblo. No creo que piensen de esa manera.
Joe Rogan | Lex Fridman Podcast #300

Capítulo 4

Capítulo 4
Descanso para la tarea

Por favor, considera toda la información presentada hasta ahora, mientras buscas información adicional y utilizas tus habilidades de pensamiento crítico para responder estas preguntas: (escribe tus respuestas en esta página)

¿Qué fuentes se citan en esta *Guía* y las has investigado?

¿Qué información está disponible al raspar una cuenta de redes sociales?

Capítulo 4

¿Cómo te sientes acerca de la información que has aprendido hasta ahora?

Capítulo 5
Más sobre la
guerra híbrida

Los efectos reales de la información e influencia china ... no se tratan solo de exponer nuestras opiniones de manera abierta o encubierta con la esperanza de que cambiará nuestra forma de pensar sobre varios temas. Beijing es mucho más proactivo y sistemático que eso. Su objetivo es cambiar y moldear la forma en que el objetivo (que podría ser un gobierno, institución o individuo) comienza a pensar o analizar un tema, o cuáles podrían ser los "principios fundamentales" del objetivo. También está diseñado para dar forma a la manera en que hablamos sobre un tema, los marcos de referencia y analíticos que utilizamos, y qué tipos de discursos y palabras son aceptables. A primera vista, todo esto podría parecer fantasioso, como si fuera algún truco mental mítico de Jedi. Sin embargo, es mucho más real que eso.

Dr. John Lee | Investigador principal, Hudson Institute Autor de
Chinese Political Warfare: The PLA's Information and Influence Operations

5-1   BOTS Y CENSURA

También está sucediendo algo más que no puedes ver ni explicar. Es la combinación de ciberataques en redes sociales influenciados por bots que comparten noticias ficticias que se centran en reportar información selectiva. Crean emocionalidad que lleva a polarizar a una audiencia. La oposición es censurada en las redes sociales, y se promueve la audiencia de apoyo más pequeña. La interferencia electoral dentro de una nación es una actividad poderosa dentro de la guerra híbrida, y está respaldada por un aparato mediático fabricado que demoniza a cualquiera que lleve el fraude electoral a la atención del público.

5-2   LAWFARE (Guerra jurídica)

El lawfare (guerra jurídica) puede implicar la ley de una nación dirigida contra sus propios funcionarios en forma de lo que comúnmente se conoce como "tribunales irregulares y arbitrarios" para silenciar a la oposición. Los regímenes represivos utilizan el aspecto de lawfare de la guerra híbrida para negar los derechos a las personas. Esto se ve especialmente en el fraude electoral. El régimen represivo cambia las leyes que facilitan el fraude pero afirma que se hace para que la votación sea más justa. Al hacerlo, el gobierno en la sombra desarrolla formas de instalar candidatos seleccionados del UniPartido que apoyan su agenda con la apariencia de una elección libre y justa. En G5G, el lawfare es la utilización de las leyes para destruir el Estado de Derecho que respalda al pueblo de una nación libre. Luego, lo reemplaza con favoritismo que respalda el avance de la globalización.

5-3   GUERRA POLÍTICA

La guerra política se utiliza para cambiar la posición política de un país sin el uso de poder militar. En la G5G, la herramienta principal es PSYOP en la población de una nación para influir en la aparente "Voluntad del Pueblo". Hacerlo en conjunto con la influencia mediática manipulada y un alcance bien gestionado de las redes sociales da justificación a los creadores de políticas para mantener y avanzar sus objetivos políticos a través de leyes nacionales y política exterior. Hacen esto basándose en el sentimiento fabricado de la población.

Capítulo 5
Descanso para la tarea

Por favor, considera toda la información presentada hasta ahora, mientras buscas información adicional y utilizas tus habilidades de pensamiento crítico para responder a estas preguntas: (escribe tus respuestas en esta página)

¿Qué es la ciberguerra? (Ve a buscarlo)

¿Los países llevan a cabo guerra política entre sí? Si es así, ¿cómo?

¿Quién escribió Chinese Political Warfare: The PLA's Information and Influence Operations?

Capítulo 5

Capítulo 6
Más sobre
guerra sin restricciones

Guerra más allá de los límites.
Coronel Qiao Liang, Coronel Wang Xiangsui | Ejército Popular de Liberación (EPL), China
Autores de *Unrestricted Warfare: China's Master Plan to Destroy America*
(Guerra sin restricciones: El plan maestro de China para destruir América)

6-1 ESTRATEGIA OFENSIVA GLOBAL DEL PARTIDO COMUNISTA CHINO

La estrategia de guerra sin restricciones del Partido Comunista Chino se ve aumentada por su Doctrina de las Tres Guerras. La guerra sin restricciones y las tres guerras son su estrategia global, y esa estrategia consta de guerra psicológica, legal y mediática. En el aspecto psicológico, el objetivo es perturbar la capacidad de toma de decisiones del oponente: crear dudas, fomentar sentimientos contra el liderazgo para que la gente pierda la fe en su gobierno, engañar y disminuir la voluntad del oponente para luchar.

En las tres guerras, la guerra legal y mediática se apoyan mutuamente. Desarrollan campañas mediáticas para atraer y justificar leyes internacionales que posteriormente se convierten en grandes y repetitivas campañas mediáticas para saturar su apariencia de legitimidad.

La estrategia de las "tres guerras" tiene sus raíces en las antiguas estrategias chinas de "guerra de percepción" y en los orígenes del Partido Comunista como organización clandestina y guerrillera.

John Garnaut | Editor Asia-Pacífico, *The Sydney Morning Herald*

6-2   ELEMENTOS DE LA GUERRA SIN RESTRICCIONES

Los elementos de la guerra sin restricciones son la red, la ley y la economía. Cada uno de estos elementos ha tenido una fase de preparación para ser desplegado de manera efectiva. Continuarán siempre que sean permitidos por elecciones fraudulentas que permitan la colocación de miembros del UniPartido que apoyen una agenda globalista que conduzca al fin de los estados nacionales, la erradicación de los derechos civiles individuales y la muerte del Estado de derecho.

Capítulo 6

6-3   GUERRA DE REDES

En esta quinta generación de guerra, la degradación y la interrupción de las redes globales, nacionales y locales que sirven a una nación son un objetivo fácil y explotable. El enemigo ataca las redes de distribución de alimentos, las redes de datos, las redes energéticas (petróleo, gas y electricidad), las redes de comunicación a través de ataques cibernéticos, las redes económicas y bancarias, y las redes de defensa, y también interrumpe o contamina los ingredientes importados para medicamentos y productos para el hogar. Estas interrupciones pueden ocurrir a niveles menores y mayores. Según el sitio web oficial de Ernst and Young, en una encuesta realizada a finales de 2020 a 200 ejecutivos de nivel superior de la cadena de suministro, "La pandemia de COVID-19 fue una disrupción global en el comercio, las finanzas, los sistemas de salud y educación, las empresas y las sociedades como pocas otras en los últimos 100 años. No es de extrañar entonces que solo el 2% de las empresas que respondieron a la encuesta dijeron que estaban completamente preparadas para la pandemia. Las interrupciones graves afectaron al 57%, y el 72% informó un efecto negativo (el 17% informó un efecto negativo significativo y el 55% en su mayoría negativo)."

El 22 de septiembre de 2022, el Centro de Estudios Estratégicos e

Internacionales informó que "los ataques a los gasoductos (Nord Stream 1 y Nord Stream 2) hoy podrían presagiar ataques a los cables de datos submarinos mañana. En otras palabras, Rusia está señalando que podría escalar su guerra híbrida o esfuerzos en la zona gris contra el Occidente, pasando de la desinformación y los esfuerzos de influencia a una dirección más cinética dirigida a la infraestructura".

La guerra de redes también incluye la corrupción de las redes humanas de negocios, gobierno, tribunales y educación al colocar extremistas o personas no calificadas para interrumpir la eficiencia y eficacia de las instituciones. Mira a tu alrededor y lo verás.

6-4   GUERRA LEGAL

Ya hemos discutido el Lawfare (guerra jurídica) a nivel nacional con respecto a la interrupción de las elecciones para facilitar el fraude. Se emplean formas adicionales de Guerra Legal a nivel internacional para llevar a cabo acciones políticas a través de organizaciones transnacionales o no gubernamentales para efectuar políticas que de otro modo no serían posibles. Una vez que las leyes se ponen en marcha, la intención es acorralar al adversario en el escenario internacional con el propósito de proporcionar disuasivos a la acción militar o justificar acciones futuras que den forma a las condiciones que podrían propiciar una guerra abierta.

6-5   GUERRA ECONÓMICA

Cualquier cosa que debilite la economía de una nación es una guerra económica. Más recientemente, la pandemia global y los métodos utilizados para contrarrestar sus efectos económicos han destruido la economía global, lo que ha llevado a una inflación global sin precedentes y a una desestabilización económica total.

> *Si bien no hay forma de saber [en 2020] cuál será exactamente el daño económico causado por la pandemia mundial del coronavirus COVID-19, existe un amplio consenso entre los economistas de que tendrá graves impactos negativos en la economía global. Las primeras estimaciones predecían que, si el virus se convirtiera en una pandemia global [lo que sucedió], la mayoría de las principales economías perderían al menos el 2,9 por ciento de su producto interno bruto (PIB) durante 2020. Esta previsión ya fue reafirmada [a partir de agosto de 2022] a una pérdida de PIB del 3,4 por ciento. Para poner este número*

en perspectiva, el PIB mundial se estimó en alrededor de 84,54 billones de dólares estadounidenses en 2020, lo que significa que una caída del 4,5 por ciento en el crecimiento económico resulta en casi 2,96 billones de dólares estadounidenses de producción económica perdida.

Departamento de Investigación de Statista | Impacto de la pandemia del coronavirus en la economía global Estadísticas y hechos (publicado el 5 de agosto de 2022)

Capítulo 6

Capítulo 6
Descanso para la tarea

Por favor, considera toda la información presentada hasta ahora, mientras buscas información adicional y utilizas tus habilidades de pensamiento crítico para responder estas preguntas: (escribe tus respuestas en esta página)

Da tres ejemplos de cómo el PCCh está afectando a tu país con su doctrina de las tres guerras y la guerra sin restricciones?

¿Cuál es el propósito de la guerra económica?

¿Cuánto del medio de comunicación en tu país está controlado por actores estatales y no estatales? Proporciona al menos tres ejemplos.

Capítulo 6

Capítulo 7
Estrategias de desestabilización del gobierno en la sombra

*Hay una necesidad urgente de que las partes
interesadas globales cooperen en el manejo
simultáneo de las consecuencias directas
de la crisis del COVID-19. Para mejorar
el estado del mundo, el Foro
Económico Mundial está
iniciando la iniciativa
del Gran Reinicio.*

Sitio web oficial del Foro Económico Mundial

7-1 CÓMO NEUTRALIZAR EL EMBUDO DE LA ZONA GRIS

Para que los gobiernos en la sombra, actores estatales y no estatales
nos sumerjan a todos en el embudo de la zona gris en esta quinta
generación de guerra, primero deben usar el UniPartido para eliminar

todo lo que respalda la identidad nacional y el derecho a la autodefensa. Esta es una línea roja que nadie puede cruzar; los actores estatales y no estatales y los miembros del UniPartido deben respetar los límites básicos de los estados-nación. La economía de tu país puede recuperarse o no, pero tu país y tu forma de vida no recuperarán si la identidad nacional y social de tu país caen presa de todas las técnicas de PSYOP que has aprendido aquí y que intentan obligarte a ti, a tu familia y a tus vecinos a aceptar una nueva normalidad.

La pandemia de COVID-19 fue una PSYACT. ¿Quién la inició? ¿Quiénes son todas las entidades que apoyan los cambios? Habrá más hasta que la gente del mundo corrija sus sistemas electorales, asegure sus fronteras y apoye fervorosamente a líderes legítimos, políticos y de otro tipo, que respalden la voluntad del pueblo.

7-2   LA LÍNEA ROJA

El colapso planificado de los estados-nación no tiene por qué suceder siempre que la gente de una nación se levante y apoye lo siguiente:

- Derechos de los padres
- Seguridad fronteriza
- Integridad electoral

- Libertad médica
- Libertad religiosa
- La Declaración de Derechos
- Desfinanciar a los miembros del UniPartido y sacarlos del poder con un proceso electoral justo

7-3   SOLO TÚ PUEDES SALVAR LO QUE AMAS

La lista de líneas rojas y el apoyo a los elementos de la lista es cómo puedes salvar a tu país y la forma de vida de tu familia. Estos elementos son la línea roja que nadie puede cruzar. Nadie en el gobierno, ningún actor estatal o no estatal, y ningún cuerpo de leyes internacionales pueden cruzar esta línea roja. Solo tú puedes salvar lo que amas. Educa a otros, involúcrate a nivel local en tus comunidades, organízate y luego movilízate. Por encima de todo, ejerce tu derecho (y privilegio) de votar.

La amenaza híbrida explota óptimamente el entorno para evitar el dominio militar de EE. UU. a través de disputar el espacio mediante el arte operacional sin restricciones y presagia la replicación en el futuro. El concepto de amenaza híbrida ofrece un marco para describir

Capítulo 7

el carácter evolutivo de la guerra contemporánea,
desafiar la ambigüedad de la evaluación de amenazas
conformistas y comprender las anomalías en el entorno
estratégico. La planificación de EE. UU. no puede cortar
el pie no lineal para que se ajuste al zapato lineal.

Brian P. Flemming | Autor de *The Hybrid Threat Concept: Contemporary War, Military Planning and the Advent of Unrestricted Operational Art*

7-4   NO SUBESTIMES LA GUERRA POLÍTICA

Durante varios años, Iraq e Irán estuvieron en guerra, eventualmente diezmando a casi todos los hombres en edad militar de ambos países. Su guerra terminó en un punto muerto; ninguno de los países superó al otro. Después de que las Fuerzas de la Coalición invadieron Iraq y derrocaron al presidente iraquí Saddam Hussein y su gobierno, las Fuerzas de la Coalición pasaron la mayor parte de su tiempo combatiendo a milicias en las calles de Iraq y evitando que las milicias lucharan entre sí.

Las milicias respaldadas por Irán nunca creyeron que derrotarían el poder, la tecnología y la voluntad de las tropas terrestres de la coalición, pero las milicias fueron fundamentales para la campaña de guerra políti ca de Irán. Eventualmente, las milicias respaldadas por Irán tomaron el control de la mayoría de la población mediante la fuerza y el miedo, de manera similar a cómo lo haría un cártel.

Mientras las Fuerzas de la Coalición estaban ocupadas tratando de detener la violencia sectaria y reconstruir la infraestructura en Iraq, eran las milicias las que provocaban violencia sectaria continua y destruían los intentos de reconstruir la infraestructura. Todo el tiempo, el gobierno iraní apoyó y financió a figuras políticas iraquíes. Así fue como Irán se apoderó de Iraq. El país de Iraq todavía existe, pero actualmente está dirigido por funcionarios gubernamentales que trabajan para Irán. Mientras el esfuerzo principal percibido de la guerra ocurría en las calles, la guerra política pasó en gran medida desapercibida, e Irán tomó el control.

Lo que Irán no pudo hacer por sí mismos con un ejército contra Saddam, lo hicieron en un vacío con guerra política mientras todos estaban distraídos por una guerra terrestre. Las milicias nunca tuvieron la intención de derrotar a los ejércitos de las Fuerzas de la Coalición. No podían. No usaron la guerra convencional; aumentaron su guerra política con otros aspectos de la guerra irregular. Su misión era traumatizar, agitar y desmoralizar a su enemigo en el campo de batalla mientras el esfuerzo principal invisible era tomar el control de Iraq a través de la guerra política. ¿Ves la estrategia? Usa una distracción y, cuando nadie esté mirando, toma el control políticamente.

7-5   IGNORA LAS DISTRACCIONES - OBSERVA A LOS POLÍTICOS

En los Estados Unidos, la estrategia es causar distracciones con propaganda mediática y la propagación de luchas raciales y discriminatorias fabricadas para crear un chivo expiatorio.

El UniPartido ha etiquetado a su chivo expiatorio como una entidad racista y fanática. De esa manera, buscan demonizar al mismo grupo que, al mismo tiempo, también niega la fidelidad de las elecciones en los EE. UU. Mientras tanto, a medida que ocurre la distracción, la guerra política pasa desapercibida.

Esta no es una técnica nueva; ha sucedido en todo el mundo en varios países durante mucho tiempo. Por ejemplo, el Partido Nazi tenía razones políticas para erradicar a los judíos más allá de un odio nacionalista hacia su herencia. En ese momento, el pueblo judío en Alemania eran los capitalistas y comunistas en el país. Tenían dinero y estructuras políticas en competencia que no estaban alineadas con el fascismo. Los judíos eran una amenaza para el plan fascista nazi.

Hitler utilizó sus Camisas Pardas, conocidas formalmente como *Sturmabteilung* (SA) en la Alemania nazi. Componían el ala paramilitar original del Partido Nazi. Las SA fueron llamadas coloquialmente Camisas Pardas (*Braunhemden*) debido al color de las camisas de sus uniformes, al igual que las Camisas Negras de Benito Mussolini. Las SA de Hitler crearon distracciones en las calles: disturbios y vandalismo combinados con propaganda antisemita, anticapitalista y anticomunista para desarrollar un chivo expiatorio para la economía pobre posterior a la Primera Guerra Mundial. Mientras tanto, maniobró su ala de guerra política para nazificar el país y tomar el poder. Las interrupciones en la cadena de suministro global y las economías rotas se utilizan para interrumpir el statu quo y distraer de la guerra política que está sucediendo justo ante nuestros ojos. Pero esta vez, la estrategia ha sido reciclada a escala mundial. Siempre es el mismo patrón porque funciona. Funciona siempre y cuando la gente no se dé cuenta de lo que está sucediendo y lo detenga. No somos enemigos entre nosotros.

Capítulo 7

Diagrama 7-5
Ignora las distracciones
Observa a los políticos
La Guía del Ciudadano para la Guerra de Quinta Generación

7-6   SE CREAN CHIVOS EXPIATORIOS - SON LAS PERSONAS INTERPONIÉNDOSE EN EL CAMINO

Busca los signos de PSYOP. Busca las distracciones en las calles por parte de organizaciones paramilitares respaldadas por el gobierno y otras PSYACTs y la búsqueda de chivos expiatorios. Esto no es aleatorio ni ambiguo. No profesan los problemas reales de nuestro tiempo; estas son técnicas probadas y verdaderas que respaldan la guerra política que está ocurriendo en segundo plano. Y los chivos expiatorios creados suelen ser los que se interponen en el camino de sus objetivos políticos.

7-7   EL UNIPARTIDO ES SU BRAZO DE ACCIÓN

El UniPartido en América es el brazo de acción de la guerra política llevada a cabo por actores estatales y no estatales que trabajan para facilitar una nueva normalidad en los Estados Unidos. Grupos similares de UniPartido incrustados en otros países están haciendo lo mismo. Mientras la ciudadanía está distraída por la lucha, los países están siendo tomados y reorganizados políticamente para la nueva normalidad global. Se hará parecer que la gente está pidiendo los cambios, aunque no lo estén. Y mientras todos "sienten que" algo malo está sucediendo, no saben cómo llamarlo. Se llama G5G.

No ignores la guerra política que está directamente relacionada con la interferencia electoral sancionada por el gobierno. Aprende a identificar las facciones del UniPartido y las organizaciones paramilitares respaldadas a escondidas que crean distracciones. Trabaja con tus vecinos, amigos y familiares para crear un plan de acción local. La acción local conduce a un impacto nacional.

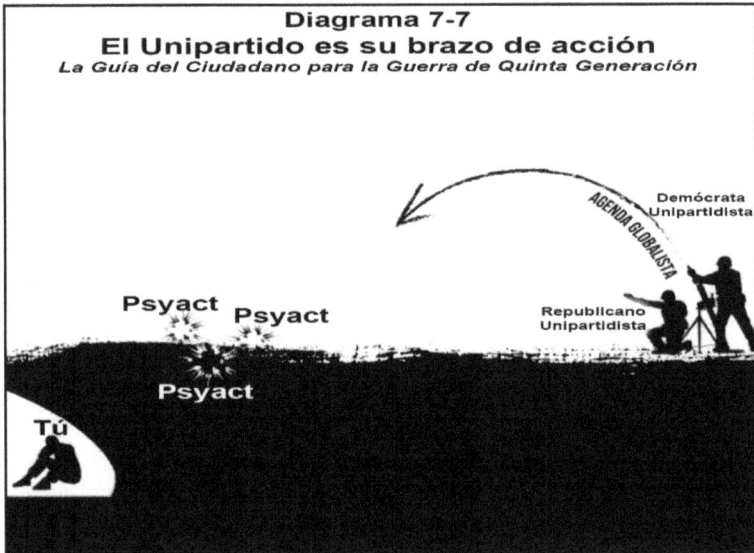

Diagrama 7-7
El Unipartido es su brazo de acción
La Guía del Ciudadano para la Guerra de Quinta Generación

Demócrata Unipartidista

AGENDA GLOBALISTA

Psyact   Psyact

Republicano Unipartidista

Psyact

Tú

Capítulo 7

Capítulo 7
Descanso para la tarea

Por favor, considera toda la información presentada hasta ahora, mientras buscas información adicional y utilizas tus habilidades de pensamiento crítico para responder a estas preguntas: (escribe tus respuestas en esta página)

¿Qué importancia tienen las organizaciones paramilitares en la guerra política?

¿Qué organizaciones paramilitares en tu país son apoyadas secretamente o abiertamente por la facción UniPartido?

¿Cuáles son las letras de la canción "Bad Moon Rising?"

Nombra tres cosas que pueden desfinanciar mejor a los miembros del UniPartido y sus seguidores.

Define: Boicot

Capítulo 7

Define: Resistencia civil

¿Cuánto duró la "Revolución de Terciopelo" (Sametová Revoluce) en Checoslova-
quia en 1989 y qué sucedió durante ese período?

Capítulo 8
Redes de confiabilidad

8-1   VIDA SOSTENIBLE

Una red de confiabilidad es un sistema sostenible para vivir que evita que las necesidades básicas de vida sean utilizadas en contra de la población para manipular las condiciones del entorno y controlar a las personas de una nación. Tener una red de confiabilidad sostenible de amigos y alimentos elimina el estrés y fortalece las comunidades locales. Tomar este camino es una opción en este punto; no esperes a una emergencia para revisar esta información y empezar. Sé audaz. No seas tímido. Comienza de inmediato. Encuentra una manera o crea una manera. Habrá más interrupciones en las cadenas de suministro y los recursos energéticos.

8-2   CONSUMIBLES

Cultiva un jardín. Según la Asociación Nacional de Jardinería, la jardinería de alimentos, definida como la participación de los hogares en la jardinería de verduras, árboles frutales, bayas o hierbas, ha experimentado 'un aumento significativo' desde que comenzó la crisis del COVID-19. La división de investigación de la asociación comparte una encuesta anual para evaluar la actividad de jardinería y las tendencias de compra en los EE. UU. La encuesta de 2022, que está prevista para ser lanzada en los próximos días, encontró que "más de dos de cada cinco hogares en los EE. UU. (41%) participaron en la jardinería de alimentos en 2021, aproximadamente 53.7 millones de hogares".

Si no puedes criar tu propia fuente de carne, busca una fuente local. Según un artículo de junio de 2021 de Russ Quinn publicado por Progressive Farmer, Brianna Buseman, educadora de extensión de animales de carne juvenil de la Universidad de Nebraska-Lincoln, declaró: "Las personas están mucho más interesadas en la producción de carne y cómo se crían y alimentan estos animales, quieren conocer al agricultor local y tener una experiencia más local. Vimos un aumento en la demanda de carne local antes de la pandemia de COVID-19, y ahora esta tendencia es aún más evidente."

Buseman dijo: "La creciente demanda de comprar carne en pequeñas carnicerías de pueblos ha proporcionado algunas oportunidades tanto para estos negocios como para los productores de ganado. El resurgimiento de los carniceros locales también es una buena noticia para las calles principales de los pequeños pueblos". Y según Meghan Filbert, gerente del programa de ganadería de Practical Farmers of Iowa, "un aspecto positivo de una pandemia mundial es que puede llevar a un sistema alimentario regional más sólido".

Teniendo en cuenta las numerosas instalaciones de producción de alimentos y ganado que han sido destruidas en los últimos veinticuatro meses, los fallos en la cadena de suministro y la creciente inflación, los huertos comunitarios y las fuentes locales de carne tienen mucho sentido. Hacerlo elimina un as de la baraja de cartas de la G5G.

8-3   CÍRCULO DE CONFIANZA

Si mañana hubiera un colapso total de nuestras instituciones bancarias, ¿qué amigo tienes que podría ayudarte a arreglar tu carro, extraer una muela mala o arreglar una computadora? Quizás tendrías problemas más graves y no podrías comprar alimentos en tu fuente en línea favorita. ¿Conoces a alguien que podría llevarte a pescar para conseguir comida o dejarte recoger de su jardín? ¿Conoces a alguien que podría ayudar a un miembro de la familia enfermo o herido? Podrías necesitar personas con habilidades que tú no tienes. Haz un inventario de las personas que conoces; refuerza las relaciones con ellas ahora. Averigua cómo establecer relaciones con personas que tienen habilidades que podrías llegar a necesitar. Desarrolla un círculo de confianza aprovechando algo que tienes y que ellos podrían necesitar.

Las personas locales con habilidades necesarias en tiempos desesperados que debes reclutar ahora son:

- Trabajadores de la construcción, electricistas y plomeros
- Mecánicos
- Médicos, enfermeras y paramédicos
- Cazadores y pescadores
- Veteranos militares
- Veterinarios
- Agentes del orden público
- Especialistas en TI
- Legisladores
- Agricultores y jardineros
- Ganaderos
- Especialistas en radioaficionados

Capítulo 8

Idealmente, localizar a las personas con estas habilidades que estén a diez minutos en automóvil de tu hogar es óptimo, pero no dejes que la distancia te desanime. Si no es posible, haz lo mejor que puedas. Todo lo demás que necesites y que no esté en la lista se puede encontrar dentro de tu círculo de confianza.

Capítulo 8

Capítulo 8
Descanso para la tarea

Por favor, considera toda la información presentada hasta ahora, mientras buscas información adicional y utilizas tus habilidades de pensamiento crítico para responder a estas preguntas: (escribe tus respuestas en esta página)

¿Dónde puedes conseguir suministros para comenzar un jardín?

¿Plantarás en el suelo, usarás macetas o cajas de plantación?

¿En qué fechas localizarás fuentes adicionales de carne?

¿Con quién desarrollarás tu Círculo de Confianza y cuándo reforzarás tus relaciones con ellos?

Capítulo 8

¿Qué objetos, conocimientos, habilidades y capacidades tienes para hacerte necesario para el grupo y valioso para ellos?

Si eres padre o madre, ¿añadirás personas a tu Círculo de Confianza con las que puedas compartir recursos para educar en casa a tus hijos? ¿Otros padres con ideas afines?

Capítulo 9
Las moscas deben conquistar el papel matamoscas

La gente está confundida ahora.
Han vivido en paz tanto tiempo
que no creen del todo en la
guerra. Aprenderán y entonces
ya no estarán confundidos.

John Steinbeck | Autor de *The Moon is Down*

9-1   UN TIEMPO PARA LA FORTALEZA MENTAL

Mental (Adjetivo)
a: relacionado con la mente específicamente: relacionado con la respuesta emocional e intelectual total de un individuo a la realidad externa.

b: relacionado con la actividad intelectual en contraste con la emocional.

c: de, relacionado con, o ser intelectual en contraste con la actividad física abierta, hizo cálculos mentales rápidos

Fortaleza (Sustantivo)
a: la cualidad de ser fuerte, no fácilmente roto, etc.

b: fuerza física o emocional que permite a alguien soportar tensiones o dificultades.

c: la cualidad de ser severo o intransigente.

9-2   DEFIENDE TU MENTE

La forma de utilizar la FORTALEZA MENTAL en G5G es que todos nosotros manejemos sin miedo nuestras propias susceptibilidades psicológicas que nos hacen vulnerables a la manipulación invisible. Si identificas una PSYACT, ¿cómo se está informando? ¿Se informa con un lenguaje cargado y/o información selectiva? Si el lenguaje utilizado para informar sobre una situación o circunstancia tiene un lenguaje cargado, la redacción intentará aprovechar la emotividad de la audiencia a través de connotaciones negativas, que pueden ser vagas. Esta es una técnica persuasiva del lenguaje que a menudo implica el uso de estereotipos.

El lenguaje cargado tiene implicaciones emocionales significativas e involucra reacciones fuertemente positivas o negativas más allá de sus significados literales. Si ves el uso de información selectiva y lenguaje cargado, detente antes de que te involucres emocionalmente y el pensamiento polarizado se apodere de tu psiquis.

Lo mismo es importante al ver videos. Resiste la tentación de emocionarte hasta que hayas visto el video completo, no solo un clip selectivo. Asegúrate de saber lo que estás viendo, haciéndole preguntas a alguien que sepa más que tú sobre el tema mostrado.

9-3   DECIDE SABIAMENTE

En lugar de permitir que tu pensamiento se polarice, obtén más información de personas de confianza que conozcas y que sean sensatas, y de diversas fuentes fuera de los informes de los medios de comunicación, redes sociales o foros de mensajes en internet. Si buscas información en línea, recuerda que las búsquedas en internet están manipuladas. Tendrás que utilizar diferentes criterios de búsqueda y retroceder varias páginas para encontrar resultados de búsqueda no manipulados. Las bibliotecas públicas son excelentes recursos de información histórica porque existían antes del internet. Una vez que hayas analizado la situación en su totalidad, solo entonces podrás decidir conscientemente cuál es tu posición. No seas perezoso.

Conscientemente (Adverbio)
a: con conocimiento o conciencia de la propia existencia, sensaciones, pensamientos, entorno, etc.

b: con intención clara; deliberadamente.

c: de manera sostenible, o con conciencia del efecto de uno en el medio ambiente, la sociedad, etc.

9-4   PENSAMIENTO CRÍTICO - ANÍMATE A TI MISMO Y A LOS DEMÁS

En un estudio seminal sobre el pensamiento crítico y la educación en 1941, Edward Glaser define el pensamiento crítico de la siguiente manera: "La habilidad para pensar críticamente, como se concibe en este volumen, implica tres cosas: (1) una actitud de estar dispuesto a considerar de manera reflexiva los problemas y temas que entran en el alcance de las experiencias propias, (2) conocimiento de los métodos de investigación lógica y razonamiento, y (3) cierta habilidad para aplicar esos métodos.

El pensamiento crítico exige un esfuerzo persistente por examinar cualquier creencia o supuesta forma de conocimiento a la luz de la evidencia que lo respalda y las conclusiones adicionales a las que tiende. También requiere generalmente la capacidad de reconocer problemas, encontrar medios viables para enfrentar esos problemas, reunir y organizar información pertinente, reconocer supuestos y valores no expresados, comprender y utilizar el lenguaje con precisión, claridad y discriminación, interpretar datos, evaluar pruebas y argumentos, reconocer la existencia (o no existencia) de relaciones lógicas entre proposiciones, extraer conclusiones y generalizaciones justificadas, poner a prueba las conclusiones y generalizaciones a las que se llega, reconstruir los patrones de creencias basados en una experiencia más amplia y emitir juicios precisos sobre cosas y cualidades específicas en la vida cotidiana".

9-5   CORTOCIRCUITA LA POLARIZACIÓN

El pensamiento crítico es un concepto con una evolución de 2500 años que comenzó a mediados y finales del siglo XX, y es la forma en que atenuamos los efectos del pensamiento polarizado en la sociedad que inicia el camino hacia la destrucción. El pensamiento crítico interrumpe las campañas de PSYOP que tienen como objetivo engañar tus emociones y polarizar tu pensamiento.

No entregues libremente tu pensamiento polarizado. Si lo haces, se utilizará para lograr los objetivos geopolíticos de alguien más hacia la globalización. Evita la tendencia a asumir la superioridad o corrección de tu propio grupo social, también llamado Sociocentrismo, y evita la renuencia a considerar cualquier perspectiva diferente a la tuya, o Egocentrismo.

> *El pensamiento crítico es, en resumen, autodirigido, autodisciplinado, autovigilado y autocorrectivo. Presupone la aceptación de rigurosos estándares de excelencia y un dominio consciente de su uso. Implica habilidades efectivas de comunicación y resolución de problemas y un compromiso para superar nuestro egocentrismo y sociocentrismo innatos.*
> Dr. Richard Paul y Dra. Linda Elder | Autores de
> *The Miniature Guide to Critical Thinking Concepts and Tools*

Capítulo 9

9-6   HACKEA LOS ENGAÑOS

Reunirse en el dominio físico es lo que llamamos cuando nos vemos cara a cara sin el uso de una plataforma basada en internet. Significa encontrarse con amigos en la iglesia, en la mezquita, en la sinagoga, en el templo o en otros lugares de culto. Es lo que haces cuando ves a otros en una fiesta, cafetería, restaurante, gimnasio, taberna, bar o casa pública. Es estar con otros en un concierto, mitin político o evento de entretenimiento. Reunirse en el dominio físico es cómo nos liberamos de estar encarcelados dentro de los bucles de retroalimentación causados por los grandes tecnócratas que nos atrapan y, en última instancia, pueden manipularnos para servir sin pensar a gobiernos en la sombras.

9-7   DOMINA EL DOMINIO FÍSICO

En el dominio físico, no puedes ser censurado ni aislado psicológica-mente de otros que no piensan como tú. Y si la censura ocurre en el dominio físico, siempre es secundaria a una PSYACT que respalda una campaña PSYOP en apoyo de un objetivo político. Reunirse en el dominio físico es cómo las personas desafían los efectos de la manipulación en el dominio digital. Sal a pasar tiempo con tus amigos y familiares e intencionalmente haz lo mismo con las nuevas personas que conozcas.

Capítulo 9

9-8　NUNCA OLVIDES ESTO

Eliminar libros del dominio físico es una forma conocida de controlar la información para restringir las ideas de los ciudadanos de una nación, aunque la adecuación a la edad según el contenido debe ser un factor que requiera restricción. Eliminar o restringir las fuentes de alimentos y medicinas para adultos y bebés es una manipulación del dominio físico; restringir las fuentes de energía (petróleo, electricidad y gas) es una forma de manipular las condiciones de un entorno. Todo ello irá acompañado de un plan PSYOP respaldado por PSYACTs basadas en la dominancia de decisión en el espacio de batalla cognitivo de una nación. Restringir los derechos de las personas para defenderse y hablar libre-mente en público no es diferente. El fraude electoral y la inmigración ilegal masiva son operaciones de conformación del dominio físico.

9-9　OPERACIONES DE CONFORMACIÓN

Según la *Publicación del Ejército de EE. UU. ADP 3-0 (2011) "Operaciones terrestres unificadas",* "las operaciones de conformación crean y preservan condiciones para el éxito de la operación decisiva".

Por lo tanto, restringir los derechos de las personas para defenderse, restringir la libertad de expresión en público, eliminar las fuentes de alimentos y medicinas, restringir la disponibilidad de fuentes de energía y promover el fraude electoral y la inmigración ilegal masiva tienen la intención de crear y preservar condiciones para el éxito de una operación decisiva.

9-10   EL PARAGUAS BAJO EL CUAL VIVES

Las campañas de PSYOP que probablemente puedas ver ahora que has leído por primera vez esta *Guía* se encuentran bajo el paraguas de la G5G y son reales. Sin duda, todos estamos en guerra. Las operaciones cinéticas requieren poder físico directo. Un golpe en la cara o una bala en la cabeza se consideran cinéticos. Los aspectos no cinéticos son medios sin poder físico. La influencia no cinética ocurre a través de PSYOP y las diversas guerras: cibernética, de red, legal, diplomática, económica, política y engaño mediático.

Ahora sabes cómo llamarlo: G5G. Es mundial. Tú eres el arma y tu mente es el campo de batalla. *La Guía del Ciudadano* para la Guerra de Quinta Generación te ha dicho qué está pasando, cómo está ocurriendo y algunos de los principales actores detrás de ello. Este es tu manual de instrucciones para reconocer la manipulación. Después de terminar esta

Guía, podrás detectar la manipulación y enseñar a otros cómo ser un insurgente cognitivo para que todos podamos contraatacar de manera efectiva y perturbar a nuestro adversario.

9-11   PARA RESUMIR

La operación decisiva que ocurre en la Guerra de Quinta Generación (G5G) es el movimiento hacia naciones sin fronteras con poblaciones indefensas que están controladas por facciones internas del UniPartido que apoyan a gobiernos en la sombra compuestos por actores estatales y no estatales. La facción UniPartido de una nación siempre apoyará el plan PSYOP globalista para crear un nuevo orden mundial con PSYACTs, legislación restrictiva y gasto excesivo.

Identifica a los miembros del UniPartido marxista-leninista con tus habilidades de pensamiento crítico y activa tu fortaleza mental para liderar la carga y lograr que sean votados fuera del cargo mediante elecciones legítimas. Nada más que mantener listas de votantes limpias, cesar los votos por correo y los buzones, regular un uso limitado y efectivo de las boletas ausentes y eliminar cualquier cosa que no sean boletas de papel entregadas a votantes legales que puedan proporcionar identificación con foto legal es aceptable. No más votación por máquinas y no más cruzar la línea roja.

Capítulo 9

No se puede tolerar menos para mostrarle al UniPartido y a los medios de comunicación forzados que no te han engañado. La acción local lleva a un impacto nacional, y así es como las moscas conquistan el papel matamoscas. Por último, protege audazmente y enseña de manera consistente a tus hijos y nietos lo que has aprendido en esta *Guía*. Si no lo haces, tus adversarios les enseñarán una narrativa falsa y te convertirán en el villano.

Capítulo 9

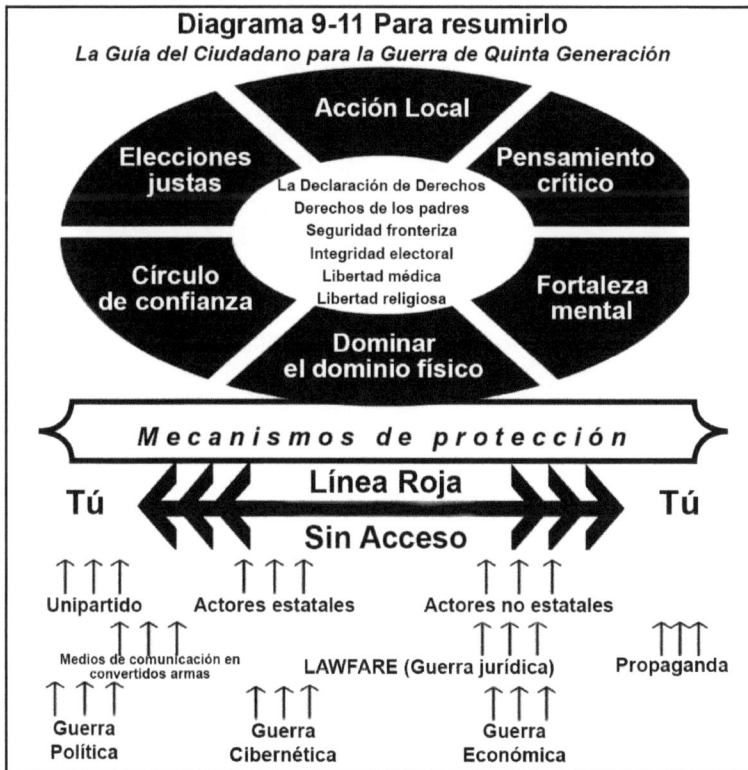

Diagrama 9-11 Para resumirlo
La Guía del Ciudadano para la Guerra de Quinta Generación

Acción Local

Elecciones justas

Pensamiento crítico

La Declaración de Derechos
Derechos de los padres
Seguridad fronteriza
Integridad electoral
Libertad médica
Libertad religiosa

Círculo de confianza

Fortaleza mental

Dominar el dominio físico

Mecanismos de protección

Línea Roja

Tú

Tú

Sin Acceso

Unipartido   Actores estatales   Actores no estatales

Medios de comunicación en convertidos armas   LAWFARE (Guerra jurídica)   Propaganda

Guerra Política   Guerra Cibernética   Guerra Económica

Es responsabilidad del liderazgo trabajar de manera inteligente con lo que se da y no perder tiempo fantaseando con un mundo de personas perfectas y elecciones perfectas.

Marco Aurelio | Emperador romano y filósofo estoico
Autor de *Meditaciones*

Capítulo 9

Capítulo 9
Descanso para la tarea

Por favor, considera toda la información presentada hasta ahora, mientras buscas información adicional y usas tus habilidades de pensamiento crítico para responder a estas preguntas: (escribe tus respuestas en esta página)

¿Ya has marcado partes importantes de la *Guía* con un marcador?

Define: Operación de configuración

¿Qué sucede si no dominas el Dominio Físico?

¿Cuál es la parte más importante de la sección 9-11?

¿Cuándo responderás a todas las preguntas de la tarea? Hazlo en grupo con amigos.

Capítulo 9

Apéndice 1
Reglas de G5G para la victoria

Independientemente de las reglas, según la sabiduría de siglos de guerra, debemos elegir nuestras batallas sabiamente. De acuerdo con el famoso consejero de príncipes, Niccolò Maquiavelo, los fines siempre justifican los medios, sin importar cuán crueles, calculadores o inmorales puedan ser esos medios. Vivió en el siglo XVI, una época de gran cambio y renacimiento social e intelectual, pero fue lo que escribió lo que cambió la naturaleza de la política, la filosofía y la diplomacia durante siglos. Sus ideas sobre el poder emanando de un soberano fuerte (gobernante), alguien que podría ayudar a devolver la grandeza a Italia en ese momento, era algo que él sabía que no podía surgir de "la política como de costumbre". Si el poder debía desarrollarse, requería un soberano fuerte.

En una era de política de poder global, con personajes como Klaus Schwab, el Foro Económico Mundial y su asociada "Cuarta Revolución Industrial", el surgimiento del Nuevo Orden Mundial y el cambio rápido de una sociedad elitista y adinerada hacia el globalismo, la obra de Saul Alinsky, "Reglas para radicales", ha hecho más para transformar a América destructivamente de lo que cualquier ejército extranjero desenfrenado podría esperar lograr.

¿Qué tienen en común estas dos personalidades históricas? La respuesta corta es que ambos ofrecen consejos sobre la guerra. La referencia de Alinsky a Maquiavelo en "Reglas para radicales", al igual que el tratado de Maquiavelo, El arte de la guerra, prepara a los lectores para un alto grado de crueldad y política de poder. Maquiavelo ofrece 27 reglas de guerra donde su regla número uno simplemente establece que "lo que beneficia al enemigo te perjudica; y lo que te beneficia, perjudica al enemigo" (consejo vital para cualquier guerrero). Mientras que Alinsky ofrece 13 reglas para radicales, un auténtico libro de cocina anarquista lleno de recetas sobre radicalismo, Maquiavelo presenta pautas para la guerra que trascienden siglos. El monograma de Alinsky ofrece el plan de batalla principal de la contracultura de izquierda moderna y los leales al UniPartido con mentalidad política.

Dicho esto, la guerra es una condición horrible, pero como muchos que han luchado en la guerra, reconocemos la guerra como un fracaso de las políticas. Las cicatrices que se extienden por Estados Unidos y otras naciones amantes de la libertad hoy en día son una pesadilla. Las ciudades interiores están destruidas por la fealdad de la política de poder de izquierda, principalmente, y las escuelas públicas desastrosamente fallidas y las familias rotas (especialmente en las comunidades de color) dan testimonio de una imagen sombría de la sociedad estadounidense. Y todo esto no es cuestionado por sus camaradas RINO (Republicano

APÉNDICE 1: Reglas de G5G para la victoria

solo de nombre) del UniPartido en la derecha.

Además de los muchos elementos ofrecidos en *La Guía del Ciudadano* para la Guerra de Quinta Generación, hay formas de contrarrestar las reglas de Alinsky. Sostenemos que nuestra ciudadanía demócrata no necesariamente son todos de izquierda. Igualmente, una parte de nuestra ciudadanía republicana podría ser comunista hasta la médula. Son los líderes de izquierda y mentalidad global los verdaderos adversarios de las personas amantes de la libertad. ¿No es hora de que pasemos a la ofensiva, o al menos pensemos ofensivamente? No podemos seguir ajustando y añadiendo más decoraciones, que parece ser el papel de los republicanos modernos. Nuestra constitución está bajo ataque, así como la gran nación que la originó, y corremos el riesgo de perderlo todo si no entendemos cómo contrarrestar la embestida que enfrentamos por parte de los izquierdistas.

Independientemente de nuestra comprensión, nuestras palabras o nuestras acciones, debemos dejar de escondernos detrás de la máscara de la psicosis política que nos consume. La nuestra es una oposición con principios y estructurada, y si decidimos unirnos como un movimiento singular América Primero, esta debe ser nuestra filosofía de gobierno. Se necesitará una ciudadanía que no sea ni demócrata ni republicana, sino aquellos que pongan a América en primer lugar, que se unan para identificar, aislar y eliminar a los globalistas y su agenda de izquierda de

APÉNDICE 1: Reglas de G5G para la victoria

nuestra nación. Juntos tenemos una identidad estadounidense que ha sido forjada a partir del dolor, el trabajo duro y el intelecto de nuestros antepasados y que debe mantenerse intacta para que todos sobrevivamos.

A continuación, encontrarás una lista de diez reglas para derrotar a estos radicales de izquierda a los que nos enfrentamos. Después de cada una, ofrezco una breve descripción de lo que significa cada una. Parte de nuestra misión es superar nuestros propios egos. El activismo político no puede ni debe ser una empresa egoísta. La gente ahora debe considerar seriamente su papel en este esfuerzo por salvar a América. Levantarse, dar un paso adelante y hablar no son meras palabras en una pegatina para el parachoques. Ser un miembro activo de una sociedad libre es un modo de vida para los estadounidenses pro-libertad que creen que nuestro país y nuestra constitución aún sirven como base de todo lo que es bueno y correcto en el mundo, porque así es.

En la obra seminal de Christopher G. Adamo, * Rules for Defeating Radicals: Countering the Alinsky Strategy in Politics and Culture (Reglas para derrotar a los radicales): Adamo describe una estrategia de diez contrarreglas que vale la pena estudiar. Animo encarecidamente a aquellos que deseen profundizar en las ideas y fundamentos de la G5G a examinar en detalle el manuscrito bien articulado y sin disculpas de Adamo. A continuación, se presenta una lista de las "Contrarreglas"

APÉNDICE 1: Reglas de G5G para la victoria

de Adamo con una breve descripción de cada una. Mientras que las reglas de Alinsky han sido utilizadas para diseños antidemocráticos, las reglas de Adamo deben aplicarse para las personas amantes de la libertad, buenas y decentes en América y en el resto del mundo amante de la libertad. Si nuestra sociedad se basa en el "consentimiento de los gobernados" con una fuerte dosis de voluntariado, nuestra visión para *La Guía del Ciudadano* para la Guerra de Quinta Generación se basa en que los ciudadanos individuales se involucren mucho más y regularmente en las acciones y responsabilidades del gobierno y la gobernanza. Comienza con tener una actitud de compromiso y la determinación para tomar acciones inquebrantables. Y empieza ahora.

LAS REGLAS PARA DERROTAR A LOS RADICALES

Regla n.º 1: *Nunca pidas disculpas a menos que se haya cometido un error real. Y luego, si realmente se justifica una disculpa, mantén la especificidad en cuanto al tema que realmente se está abordando.*

Al dirigirse a los izquierdistas, los ciudadanos nunca deben retroceder ante la verdad. En cambio, ser ferozmente implacables. La verdad es el arma más poderosa que tenemos a nuestra disposición. Como le gusta decir a este autor, la verdad no teme a ningún enemigo.

APÉNDICE 1: Reglas de G5G para la victoria

Regla n.º 2: *Nunca te enfrentes a los líderes y activistas de izquierda con el propósito de persuadirlos con la verdad.*

Los izquierdistas con mentalidad globalista, especialmente su liderazgo, saben perfectamente cuáles son los hechos, pero eligen evitarlos, distorsionarlos o mentir descaradamente sobre ellos. No tienen escrúpulos en buscar oportunismo. También es muy importante que los izquierdistas hayan llegado a donde están, no por ignorancia o debido a la falta de verdad o hechos, lo que se refleja en sus esfuerzos obsesivos por suprimir los hechos y la verdad entre cualquiera que no esté de acuerdo con ellos.

Regla n.º 3: *Nunca permitas que los izquierdistas superen su hipocresía y mentiras.*

Los ciudadanos amantes de la libertad permiten con frecuencia que las narrativas políticas falsas y la hipocresía queden sin desafío. Eso no puede continuar. En un intento desacertado de participar en un "discurso significativo", los defensores de América Primero intentan abordar temas y asuntos que se supone erróneamente que son significativos, relevantes y sustantivos. No hay un terreno común entre los ciudadanos de América Primero y los izquierdistas. Como en la guerra, elegir el terreno para luchar es algo que siempre enseñan los maestros de la guerra. Los

APÉNDICE 1: Reglas de G5G para la victoria

leales del UniPartido de izquierda y derecha son maestros en un nivel de terreno deshonesto que es notable. Elijamos el terreno y participemos en la verdad sin ceder ni ser manipulados para abandonar nuestra posición. Cuando intenten esquivar una discusión lógica, replantea el tema y diles: "Está evitando el tema y todos los que lo están viendo lo saben". Repite esto una y otra vez, cada vez que lo hagan. No permitas que cambien el tema sin abordarlo.

Regla n.º 4: *Nunca aceptes afirmaciones infundadas de "causa y efecto" de los izquierdistas, que se proclaman vehementemente como verdad incuestionable, pero solamente propagan la propaganda*

La lista sigue y sigue cuando se trata de globalistas de izquierda que lanzan niveles absurdos de propaganda como: "Los niños morirán de hambre si se recortan los fondos; este movimiento es un ataque a las mujeres; los ancianos morirán como resultado de esta legislación; millones perderán su atención médica si ..., etc." No les otorgues ninguna credibilidad. Los izquierdistas buscan que aceptes sus presunciones de estar en el tan importante "terreno moral elevado". Cuando lo permites, has perdido. Si lo haces, cualquier intento de volver a una discusión sensata y honesta a partir de ese momento se considerará desprecio insensible por aquellos a quienes afirman como víctimas de iniciativas tradicionales de tendencia conservadora. Conoce los hechos, afróntalos sin disculpas y mantente

APÉNDICE 1: Reglas de G5G para la victoria

firme. No permitas que la oposición gane terreno en un argumento lógico con sus tonterías, retórica o exageraciones. Buscan la victoria a toda costa y no les importa la verdad. El hecho de que controlen la narrativa de los medios no significa que controlen lo que es cierto. Los medios son un juego. No juegues ese juego; busca, afirma y mantente fiel a la verdad.

Regla n.º 5: *Nunca aceptes de manera refleja las definiciones izquierdistas de bien y mal.*

Los izquierdistas del UniPartido globalista creen que tienen un derecho incuestionable a definir los límites de lo que está bien y mal; ético e inmoral; civil y descortés; y, francamente, cualquier otro estándar de moralidad. No tienen estándares anclados de conducta o moralidad. En cambio, sus estándares son cambiantes y situacionales, según lo que funcione mejor para su victoria final. El que o lo que sea más conveniente para avanzar en su agenda será el camino que elijan. Cualquier edicto que elijan, su flexibilidad para cambiarlo sin remordimientos demuestra su total y completa falta de estándares o moralidad. Cuando intenten proclamar la supremacía moral, deben ser señalados de inmediato. No dejes que esto quede sin respuesta. Su santurronería debe ser rechazada rotunda y enérgicamente.

APÉNDICE 1: Reglas de G5G para la victoria

A estas alturas, puede que estés exhausto al considerar la fealdad y la intensidad del ataque de los izquierdistas. Sostenemos que deberías sentir exactamente lo contrario. ¡Estamos ganando! De hecho, sus repugnantes y asquerosos argumentos sobre moralidad y lo que está bien no lo son. En cambio, una vez que se disciernen las trampas de sus tácticas y estrategias, surgen indicadores claros de cuán ganable es realmente la batalla contra los izquierdistas. A medida que sientas y aproveches estas trampas de nuestro adversario, déjalos revolcarse en su propia fealdad e inmoralidad. Recuerda, la ferocidad con la que expresan su oposición refleja miedo e histeria porque saben que el terreno ideológico sobre el que se encuentran es arena movediza.

Recuerda, la ferocidad con la que expresan su oposición refleja miedo e histeria porque saben que el terreno ideológico sobre el que se encuentran es arena movediza.

Regla n.º 6: *El poder que no se afirma cuando es necesario y apropiado se sacrifica. Eventualmente, se pierde para siempre.*

Avanzar ciegamente juntos es exactamente lo que quieren que hagamos. Buscan la conformidad a toda costa. Una evaluación honesta revela cuán absurdos son sus argumentos y cuán inclinado está el campo de juego a su favor. Esto debe

APÉNDICE 1: Reglas de G5G para la victoria

cambiar de inmediato. Nos callamos con demasiada facilidad ante sus vehementes afirmaciones marxistas-leninistas de que no se nos permite oponernos a ellos. "¿Cómo te atreves?" es su grito de batalla predeterminado; estate atento a ello. Si expresas alguna duda o crítica a su posición, serás atacado. Por ejemplo, la escala y el alcance de la corrupción de las administraciones izquierdistas y la falta de responsabilidad de su bando es espantosa. Ellos abusan del poder absolutamente y no les importa lo que pienses o sientas, a menos que muestres el valor de hablar la verdad con firmeza. Mantén tu posición y no te alejes de la verdad. Esto es lo que temen.

Regla n.º 7: *Cuando los izquierdistas se unen en torno a uno de los suyos que ha sido expuesto por participar en comportamientos reprensibles o corruptos, todos los que apoyan al individuo deben ser identificados como igualmente corruptos y, a partir de entonces, etiquetados diligentemente como tal.*

La denigración generalizada de la izquierda de incluso los defectos más pequeños en nuestra nación y su historia, y luego caracterizarlos como fracasos imperdonables de los principios de América Primero, es una táctica distintiva, y debemos dejar de permitirles aplicarla. No caigas en sus trampas; algunos incluso pueden ser una bandera falsa. Por ejemplo, cada "tiroteo masivo" presenta una oportunidad para atacar la segunda enmienda. Los métodos de vincular cada ocurrencia

APÉNDICE 1: Reglas de G5G para la victoria

negativa de algún evento con la derecha son omnipresentes entre los políticos sinvergüenzas del UniPartido y sus lacayos mediáticos. El carácter de los izquierd-istas se caracteriza por ser deshonesto, ruin, engañoso y dudoso. Francamente, es pésimo y carecen de responsabilidad por sus acciones. Nuestro lado, típicamente y tácitamente, permite este comportamiento aborrecible aceptando obediente-mente sus afirmaciones hipócritas y la supuesta necesidad de "seguir adelante". En cambio, debemos ponernos de pie y hablar con fuerza sobre su comportamiento inaceptable y la falta total de responsabilidad en todos los compromisos futuros. Enfrentar y confrontar a un acosador es la mejor estrategia. No "sigas adelante" cuando debes emperrarte y obligarlos a ellos y a sus lacayos mediáticos a rendir cuentas. Reúne el valor para bloquear tus talones y ser inamovible.

Regla n.º 8: *Identificar amigo o enemigo. Una vez que se haya determinado legítimamente que un jugador político está haciendo el trabajo del enemigo, no per-mitas que se altere sobre la base de la emoción o el posterior politiquismo pulido y la adulación.*

Sun Tzu reconoció en su tratado seminal, El arte de la guerra, que un enemigo no reconocido adecuadamente como enemigo disfruta de una enorme ventaja siempre que pueda conservar su tapadera. Sin embargo, esto no significa que dicho fraude y engaño solo existan en base a un partidismo. Los RINO también han demostrado una forma particular de traición y duplicidad, pero tiende a ser utilizada en contra de los suyos. Esto tiene un efecto tremendamente destructivo en el comportamiento y las actitudes del movimiento conservador, y se nota claramente. Descritos en ocasiones como una quinta columna, en el ámbito político, aquellos que no luchan para ganar no quieren ganar. En cambio, solo buscan mantenerse en el poder y operar para avanzar en sus propios egos y bases de poder. Cualquiera que busque "terreno común" con el lado izquierdista del pasillo es izquierdista y el UniPartido descrito en esta *Guía*, independientemente de su afiliación partidista declarada. La diligencia, la disciplina y el discernimiento son absolutamente esenciales si los políticos de América Primero alguna vez van a recuperar su posición. Estate siempre alerta. Aférrate a tus principios y valores, y sé valiente en tus palabras y, más importante, en tus acciones.

Regla n.º 9: *Mantente enfocado. Siempre que participes en un esfuerzo por avanzar en la agenda conservadora, o busques enfrentar el fraude y la duplicidad de la izquierda, es crucial mantenerte en el tema y no permitir que los izquierdistas compliquen el problema o te distraigan.*

Al igual que los psicópatas, los izquierdistas nunca permitirán que se les involucre en un debate donde prevalezcan los hechos y la verdad. Nadan en un mar de mentiras narcisistas y duplicidad. Involucrarlos en un debate objetivo y honesto

APÉNDICE 1: Reglas de G5G para la victoria

intelectualmente, sin importar el tema, es el objetivo que buscas. No permitas tácticas evasivas. Enfoca láser en volver al tema central y específico en cuestión. Su alejamiento del centro es su método para evitar la verdad. Sus argumentos estarán cargados emocionalmente e invariablemente serán totalmente irrelevantes. En pocas palabras, "¡Mantente en el mensaje!"

Regla n.º 10: *Enfócate en regiones y problemas ganables para construir impulso y concentrarte en acciones locales que lograrán un impacto nacional.*

El objetivo final es asegurar que todo el país sea rescatado de los actuales pozos negros ideológicos de la izquierda y liberado de las cadenas que atan su control en varias comunidades. La realidad es que debemos centrarnos en las comunidades locales e identificar de manera inteligente las regiones del país donde aún existe suficiente conexión con la realidad para que la propaganda izquierdista no la abrume. Podemos hacer esto. El objetivo no es ignorar o abandonar a los conservadores en áreas donde los izquierdistas han concentrado el poder, sino trabajar para construir energía desde afuera hacia adentro. Esta es la estrategia de la mancha de tinta militar en reversa. Gana terreno donde puedas de la manera más amplia posible y sigue ganando impulso.

Sin embargo, ten mucho cuidado con las previsibles encuestas de opinión pública

APÉNDICE 1: Reglas de G5G para la victoria

que reflejan un abrumador apoyo público al punto de vista izquierdista. Esto sería noticias falsas. No permitas que esto frene tu trabajo necesario. Ignóralo y, mejor aún, ríate de ello mientras consideras su resistencia como una señal verificable de que estás ganando. La indiferencia flagrante y real de los izquierdistas hacia cualquier víctima de cualquier grupo, color o demografía es palpablemente obvia para cualquiera con medio cerebro. La victoria será para aquellos que no se disculpen y presenten sus argumentos desde posiciones de fuerza y confianza. Una actitud sin restricciones es la única vía aceptable de enfoque para enfrentarlos. Presentar las relaciones obvias de "causa y efecto" de los desastres de las políticas izquierdistas y sus impactos en las personas dentro de varias localidades, regiones y comunidades son los medios para una victoria exitosa.

Christopher G. Adamo ha permitido generosamente grandes libertades y aplicación de su trabajo seminal de su libro citado anteriormente. Los autores recomiendan encarecidamente investigar y leer más el trabajo de Christopher. Se puede comprar fácilmente en su tienda de libros en línea favorita.

APÉNDICE 1: Reglas de G5G para la victoria

Michael T. Flynn, Teniente General, Ejército de EE. UU., (retirado)
BIOGRAFÍA CON COMENTARIO

EL GENERAL MICHAEL T. FLYNN sirvió más de treinta y tres años en el ejército de los Estados Unidos, culminando en su posición como Director de la Agencia de Inteligencia de Defensa (DIA) y el oficial de inteligencia militar de mayor rango en la nación.

Flynn se atrevió a oponerse a la falsa narrativa del ex presidente Obama sobre ISIS como un "equipo B" cuando los grupos extremistas islámicos en todo el mundo estaban creciendo en número y fuerza, lo que representaba un riesgo cada vez más peligroso, como se vio más tarde cuando los ataques de grupos terroristas islamistas radicales se intensificaron. No solo Flynn se opuso a Obama al testificar ante un comité del Congreso en 2014 (y fue despedido posteriormente), sino que Flynn también escribió un libro de venta nacional sobre la negligencia de Obama que se publicó en 2016. Y luego tuvo la audacia de hacer campaña para el presidente Donald J. Trump.

APÉNDICE 2: Biografía con comentario del General Michael T. Flynn

Destruir la impecable reputación de Flynn fue como un "doble golpe" para Obama, quien también apuntaba a alguien aún más alto en su lista: el presidente Donald J. Trump. Quince días antes de la inauguración del presidente Trump, el presidente Obama, el entonces vicepresidente Biden, el entonces director del FBI James Comey y otros altos funcionarios del gobierno se reunieron en el Despacho Oval el 5 de enero de 2017 para conspirar y encubrir su espionaje traicionero en la campaña de Trump y la presidencia, mientras planeaban represalias contra Flynn. Este fue un intento de descarrilar la presidencia de Trump antes de que tuviera la oportunidad de comenzar. Posteriormente, un Departamento de Justicia (DOJ) armado intentó atrapar a Flynn, pero finalmente el caso fue retirado por el DOJ, declarando que no se cometió ningún delito, una demostración atroz y una declaración de corrupción por parte del DOJ. Sin embargo, para salir de las corruptas garras del juez que presidió su caso, el presidente Trump emitió a Flynn un indulto de inocencia. En el momento de la reunión del 5 de enero en el Despacho Oval, Flynn era el asesor entrante de Seguridad Nacional y el director anterior de la Agencia de Inteligencia de Defensa y habría frustrado los esfuerzos para socavar la presidencia de Trump. Flynn fue un actor clave importante para el movimiento America First y el presidente Trump debido a sus antecedentes, conocimientos y determinación para exponer acciones globalistas que no eran de interés para Estados Unidos.

Flynn ha escrito dos libros: el superventas nacional, *The Field of Fight* y *A Letter to*

APÉNDICE 2: Biografía con comentario del General Michael T. Flynn

America: The Time to Fight for Your Faith And Family Is NOW. Puedes obtener más información sobre el General Flynn en su sitio web: www.generalflynn.com

POR QUÉ DECIDÍ COESCRIBIR ESTA *Guía*

En primer lugar, me sentí honrado y privilegiado de servir en el Ejército de los Estados Unidos durante más de 33 años y de haber conocido y trabajado junto a algunos de los patriotas más valientes, inteligentes y valerosos del planeta. Uno de esos patriotas es mi coautor, el sargento Boone Cutler, un soldado increíble y talentoso. Si nunca has conocido a un verdadero patriota estadounidense, habla con un soldado del Ejército de los Estados Unidos. Ellos renovarán tu fe en todo lo que crees que es bueno y correcto. Serví en unidades convencionales y de operaciones especiales, así como en varios comandos de entrenamiento, centrándome principalmente en temas de inteligencia, seguridad, operaciones y contrainteligencia, entre muchas otras disciplinas del "arte de la guerra".

Aprendí muchísimo sirviendo en el Ejército, pero principalmente aprendí más sobre mí mismo que cualquier otra cosa. Mientras viajo por el país en estos días, interactuando con miles de estadounidenses de base, me encuentro explicando a las personas cosas que aprendí durante mi entrenamiento militar, cosas sobre la guerra que considero como algo natural. A partir de estas numerosas interac-

APÉNDICE 2: Biografía con comentario del General Michael T. Flynn

ciones, tanto las preguntas como mis respuestas, sentí firmemente que crear algún tipo de *Guía del Ciudadano* para el tipo de guerra que enfrentamos aquí en casa era no solo necesario, sino vital.

Aquellos de nosotros que servimos en varias partes de nuestro gobierno juramos apoyar y defender nuestra constitución contra todos los enemigos, extranjeros y nacionales. En mis décadas de experiencias en el extranjero preparándome, entrenándome y luego luchando para defender nuestro país de adversarios extranjeros, nunca soñé que las mayores batallas se librarían aquí en nuestra patria contra elementos subversivos de nuestro propio gobierno. Dicho esto, Boone Cutler y yo decidimos capturar lecciones y habilidades significativas e importantes que cada uno de nosotros desarrolló en nuestro tiempo sirviendo a nuestro país y compartirlas con personas amantes de la libertad en Estados Unidos y en todo el mundo.

Rezo para que esta *Guía* permita a los lectores obtener una apreciación mucho mejor de las diferentes generaciones de guerra que existen y cómo la guerra de quinta generación (G5G) está impactando nuestras vidas cotidianas. Nuestra nación es una república constitucional donde el consentimiento de los gobernados es primordial. Seguimos siendo un hermoso experimento en democracia, pero como nuestros fundadores imaginaron, solo puede mantenerse mediante una ciudadanía comprometida. Nuestras familias, nuestros vecinos y comunidades,

APÉNDICE 2: Biografía con comentario del General Michael T. Flynn

nuestra nación y la libertad de la humanidad a nivel mundial, merecen nuestra participación activa. Sin ella, sucumbiremos a la tiranía y, como muchas naciones a lo largo de la historia, ya no existiremos. Los autores creen firmemente que los ciudadanos pueden participar mucho mejor cuando están mejor informados. Es por eso que en este épico momento de la historia, sentí que *La Guía del Ciudadano* para la Guerra de Quinta Generación era necesaria.

—GF—

APÉNDICE 2: Biografía con comentario del General Michael T. Flynn

Boone Cutler, SGT,
Ejército de los EE. UU., (Retirado)
BIOGRAFÍA CON COMENTARIOS

BOONE CUTLER sirvió como sargento de Operaciones Psicológicas en la guerra con Iraq, cuyo equipo fue responsable de la Ciudad Sadr (2005-2006). Después de la guerra, publicó dos libros.

El primero, *CallSign Voodoo,* fue escrito en tiempo real desde la perspectiva del combatiente mientras estaba desplegado en la Ciudad Sadr, Iraq, y durante su posterior hospitalización de dos años en el Centro Médico del Ejército Walter Reed por las heridas sufridas durante las operaciones de combate.

Su segundo libro, *FPL: Boone Cutler Protocols for Warfighters,* fue escrito sobre cómo superar sus adicciones a los medicamentos recetados, luchar contra el suicidio, lidiar con el trastorno de estrés postraumático y la lesión cerebral traumática, y buscar los tratamientos médicos alternativos que funcionaron para él y actualmente funcionan para otros combatientes.

APÉNDICE 3: Biografía con comentario de Boone Cutler [Explícito]

Cutler es el ex presentador de radio del programa "Tipping Point with Boone Cutler: The Warfighter Perspective". Dedica su tiempo a promover la campaña de prevención del suicidio de veteranos y socorristas "Spartan Pledge", que se basa en el código ético del guerrero. Puedes obtener más información sobre Boone Cutler en su sitio web: www.boonecutler.com

POR QUÉ DECIDÍ COESCRIBIR ESTA GUÍA

Creo que es importante dejar algunas cosas claras. Por una razón, estoy seguro al 100% de que la publicación de esta *Guía* me pondrá en la lista negra de algunas personas poderosas que tienen muchos amigos poderosos. Las técnicas descritas en *La Guía del Ciudadano para la Guerra de Quinta Generación* fácilmente se podrían usar en mi contra y contra mi familia. Espero que lo hagan. La decisión de coescribir esta *Guía* fue con mi familia en mente. Estoy seguro de que los rumores que rodean este proyecto serán increíbles; no puedo esperar para ver cómo se desarrollan.

Aquí están los 10 rumores que estoy anticipando:

1. El general Flynn y algún tipo de operaciones psicológicas están construy-

APÉNDICE 3: Biografía con comentario de Boone Cutler [Explícito]

endo secretamente una milicia.

2. Boone está relacionado con los Rothschilds y trabaja en la CIA.

3. Sus otros libros son satánicos y él es realmente una mujer rusa.

4. Boone Cutler es un supremacista blanco que fue parte de una pandilla de motocicletas racista.

5. Las fotos de Boone Cutler en Sadr City están retocadas; nunca sirvió.

6. Boone Cutler es un espía de la familia Rockefeller.

7. Sus tatuajes tienen significados secretos sobre el Adrenocromo.

8. Él es el tipo de PSYOP que trabaja detrás de escena con el general Flynn para crear QAnon.

9. Trabajó en la revista George con JFK Jr. y es un informante del FBI.

10. Boone es un misógino que odia a los homosexuales, transexuales y chinchillas.

Observa cómo sucederá. Sabrás que están más desesperados cuando ataquen a mi familia con mensajes emocionales. Estamos preparados. Aunque en broma, hace unos años, unos amigos y yo (ex-militares de Operaciones Especiales del Ejército, la Armada y el Cuerpo de Marines retirados, y ex agentes de la antigua escuela de la CIA) discutíamos cosas que estaban sucediendo en América y en el mundo, cuando surgió la pregunta ingeniosa: "Oye, hermano, ¿esto te parece familiar?" La respuesta unánime entre todos nosotros fue: "¡Sí!" Más tarde, cuando muchos de

APÉNDICE 3: Biografía con comentario de Boone Cutler [Explícito]

nosotros estábamos ayudando a sacar a nuestros aliados de Afganistán después de la retirada fracasada, se unieron al grupo los soldados de Operaciones Especiales de otros países, del Reino Unido, Australia, Canadá, etc. Estamos en todas partes.

Después de que la principal misión en Afganistán terminó, un grupo de nosotros nos preguntamos: "¿y ahora qué?". Estábamos furiosos. Somos muy inteligentes y tenemos una formación excelente, y hemos visto nuestra parte justa de combate. A los veteranos militares les encanta estar juntos, y somos leales entre nosotros por eso. La idea de *La Guía del Ciudadano para la Guerra de Quinta Generación* surgió en ese momento. Aunque pocos lo sepan, todos nos especializamos en la guerra no cinética (no violenta), y somos algunos de los hombres que moldean los entornos (políticos, sociales, económicos) en países extranjeros en nombre de nuestro país.

La gente sabe qué es la artillería y qué hace, pero no saben nada sobre la G5G. Si nos estuvieran atacando con artillería, la respuesta adecuada sería que un ingeniero y un artillero entrenen a la ciudadanía sobre cómo sobrevivir a un ataque de artillería. El desafío aquí es enseñar a la gente qué son los ataques de la Guerra de Quinta Generación (G5G) y qué hacer al respecto. Las mejores personas para capacitar a la ciudadanía sobre los aspectos no cinéticos de la guerra irregular que está sucediendo ahora vienen de las comunidades de Operaciones Especiales e

APÉNDICE 3: Biografía con comentario de Boone Cutler [Explícito]

Inteligencia. En última instancia, esta *Guía del Ciudadano* es parte de una campaña de información que expone la Quinta Generación de Guerra.

Contribuí a esta *Guía* porque el método de ataque contra la humanidad es mi especialidad. Soy un tipo de campo. Desarrollar campañas de PSYOP y trabajar cara a cara con el público objetivo ha sido mi juego. El general Flynn y yo somos una gran combinación porque su juego es la inteligencia de los más altos niveles, y el tipo tiene una inteligencia loca. También ha sido el objetivo de personas y grupos gubernamentales sombríos que usaron tácticas escritas en esta *Guía* en su contra. Ha sido un verdadero americano, un gran compañero para este proyecto y una fuente de conocimientos de primera mano. Si supieras lo que sé, tendrías un nivel increíble de respeto por la lucha que ha pasado.

Es mi deber proteger a mi familia, mi país y la humanidad de la destrucción. Quienquiera que nos ataque a mí o al General Flynn después de la publicación de esta *Guía* busca proteger y promover la destrucción que buscamos detener. Todos ellos pueden comer una bolsa de vidrio. No cederemos y los ataques contra nosotros solo fortalecerán la determinación de las personas que han leído la *Guía* y las comunidades de personas que conocen la información que contiene. En este momento, atacarnos es lo mismo que promocionarnos. No tienen los recursos para ganar a menos que se vuelvan "completamente Stalin" y comiencen a asesinar

APÉNDICE 3: Biografía con comentario de Boone Cutler [Explícito]

personas indiscriminadamente. Incluso así, solo aceleraría la victoria para las personas que aman la libertad en todas partes.

La forma en que ganamos en la G5G comienza educando a los ciudadanos sobre la guerra en la que están involucrados en el terreno cognitivo que está siendo llevado a cabo por el UniPartido, actores estatales y no estatales. Solo entonces pueden las personas tomar decisiones lógicas por sí mismas. Ese es el objetivo aquí. Las moscas pronto estarán libres del papel matamoscas.

Ahora conoces mi historia. ¡Ponte a trabajar! Gracias por leer. Y sinceramente, sí odio a las chinchillas, pero los otros 10 principales rumores son pendejadas.

All the way! Boone

APÉNDICE 3: Biografía con comentario de Boone Cutler [Explícito]

Recursos

(Incluyendo las citas mencionadas en La *Guía*)
Con nuestro más sincero agradecimiento,
todos son altamente recomendados.

U.S. Army Psychological Operations Process, Tactics, Techniques and Procedures Manual FM 3-05.301

Psychological Operations FM 3-05.30 MCRP 3-40.6

Assessing Revolutionary and Insurgent Strategies, Human Factors Considerations of Undergrounds in Insurgencies, 2nd Edition by Paul J. Tompkins Jr., USASOC Project Lead Nathan Bos, Editor United States Army Special Operations Command and The Johns Hopkins University Applied Physics Laboratory National Security Analysis Department

Irregular Warfare Annex to the National Defense Strategy for the United States in 2020, Department of Defense

RECURSOS

La Guía del Ciudadano Para la Guerra de Quinta Generación   **Sesión 1**

National Association of Gardening

Maoism: A Global History by Julia Lovell

Progressive Farmer Magazine

U.S. Army Publication 3-0 (2011) Unified Land Operations

On War by Carl von Clausewitz

A Century of Genocide: Utopias of Race and Nation by Eric D. Weitz

"Politically Incorrect" a song by Tom MacDonald

"Free Your Mind and Your Ass Will Follow" a song by Funkadelic

Quote by Malcolm X

"Red Holocaust" by Steven Rosefielde

"War Pigs" a song by Black Sabbath

RECURSOS

Obama's Enemies List and General Michael Flynn in Western Journal by Floyd Brown

"Paranoid" a song by Post Malone

The Road to Serfdom by Friedrich Hayek

Strategic Monitor 2014: Four Strategic Challenges by Peter Wijninga, Willem Theo Oosterveld, Jan Hendrik Galdiga & Philipp Marten

Quote by U.S. President John F. Kennedy

Anarquismo by Miguel Gimenez Igualada

Conflict in the 21st Century: The Rise of Hybrid Wars by Frank Hoffman

Manual on what to do in case of war distributed to Lithuanian schools by BNS with *The Lithuania Tribune*

Stanford Encyclopedia of Philosophy

Quote by Yuri Bezmenov

RECURSOS

La Guía del Ciudadano Para la Guerra de Quinta Generación   **Sesión 1**

Conservapedia Online

Encyclopedia Britannica Online

A Pause in the Perpetual Rotation by Vincent H. O'Neil

Behave: The Biology of Humans at Our Best and Worst by Dr. Robert Sapolsky

Quote by Joseph Goebbels

Messing with the Enemy: Surviving in a Social Media World of Hackers, Terrorists, Russians, and Fake News by Clint Watts

The Rape of the Mind: The Psychology of Thought Control, Menticide, and Brainwashing by Joost A.M. Meerloo

Quote by General John "Mike" Murray from the article 'Army's New Aim Is 'Decision Dominance' by Sydney J. Freedberg, Jr.

Joe Rogan from the Lex Fridman Podcast #300

Chinese Political Warfare: The PLA's Information and Influence Operations by Dr. John Lee

Team of Teams: New Rules of Engagement for a Complex World by Stanley Mc-Chrystal, Chris Fussell (Contributor), TantumCollins (Contributor), David Silverman (Contributor)

Unrestricted Warfare: China's Master Plan to Destroy America by Colonel Qiao Liang, Colonel Wang Xiangsui, People's Liberation Army (PLA), China

The Sydney Morning Herald, Asia-Pacific Editor John Garnaut

Chambers Dictionary of World History by B.P. Lenman; T. Anderson, eds.

Statista Research Department Impact of the Coronavirus Pandemic on the Global Economy Statistics & Facts, (Published August 5, 2022)

"Three Warfares" official political and information pre-kinetic warfare strategy of the People's Liberation Army (PLA), China

The World Economic Forum Official Website

RECURSOS

The Hybrid Threat Concept: Contemporary War, Military Planning and the Advent of Unrestricted Operational Art by Brian P. Flemming

The Moon is Down by John Steinbeck

The Miniature Guide to Critical Thinking Concepts and Tools by Dr. Richard Paul & Dr. Linda Elder

Meditations by Marcus Aurelius

The Internet and Psychological Operations by Major Angela Maria Lunga, US Army

"How COVID-19 Impacted Supply Chains and What Comes Next" by Sean Harapko of Ernst & Young article dated February, 2021

Security Implications of Nord Stream Sabotage by Joseph Majkut of the Center for Strategic and International Studies dated September, 2022

Cambridge Dictionary Online

The Ideology of Twentieth-Century Communism by W. John Morgan, in International

RECURSOS

Encyclopedia of the Social & Behavioral Sciences (Second Edition)

Continuity and Rupture: Philosophy in the Maoist Terrain by J. Moufawad-Paul

Rules for Defeating Radicals: Countering the Alinsky Strategy in Politics and Culture by Christopher G. Adamo

Lack of Clear Doctrine in the Expanding Realm of Cyberspace and Information Operations by Colonel David Mann, US Army (Retired)

RECURSOS

Aquí está su código QR especial que te lleva a un enlace que se actualiza continuamente con perspectivas actualizadas sobre la guerra de quinta generación relacionadas con temas de actualidad en nuestras comunidades como los gigantes tecnológicos, las tácticas de las redes sociales, la manipulación de la inteligencia artificial y eventos políticos nacionales e internacionales. Proporcionado por Flynn y Cutler sin costo alguno.

9 798988 751793